文庫

メノン——徳《アレテー》について

プラトン

渡辺邦夫訳

kobunsha classics

光文社

Title : **MENΩN**

B.C. 4c

Author : **ΠΛΑΤΩΝ**

凡例

（1）テキストは、Oxford Classical Text（ＯＣＴ）のプラトン全集第三巻（*Platonis Opera*, rec. J. Burnet, tom. III, Oxford 1903）所収のものを用いています。ＯＣＴの読みを採用しない箇所、および一般にテキスト選択で説明を要する箇所は、「テキストに関する注」に示しました。

（2）訳者の判断で五つの章に分け、各章に表題を付けました。また、話の切れ目には「＊」を挿入しました。

（3）ギリシャ語のカタカナ表記は一般的な慣用に従っています。そのため、必ずしも統一した規則に従っているわけではありません。

（4）翻訳に含まれる括弧のうち、（　）はもともと本文にあることばで、補足的発言です。［　］は訳者が適宜つけた意味の説明的な補いです。

（5）訳文の下にある数字とアルファベットは、一六世紀に刊行されたプラトン全集に由来する参照記号で、参照箇所を指定するためのものです。本訳でも、参照箇所は、この参照記号で指定します。

紀元前5世紀頃のギリシャ
黒海
アブデラ
オリンポス山
ラリサ
テッサリア
ファルサロス
(トロイ)
エーゲ海
ペルシャ帝国
デルフォイ
テバイ
アテネ
メガラ
アテネ(中心部)
アルゴス
オリンピア
エレウシス
ケオス島
スパルタ
クレタ島
0
100
200
300km

アドリア海
エレア
ティレニア海
イオニア海
シシリー島
レオンティノイ
アクラガス
シラクサ
北海
大西洋
地中海
地中海

目次

訳者まえがき

『メノン』は「徳《アレテー》について」という副題を古代以来もっている比較的短いプラトンの作品だが、徳《アレテー》だけでなく、知識と信念、学問の方法、人間の本質、魂、善、幸福の問題にも、そしてさらには現実政治の問題までにも関係する、一個の「宝石」(一九世紀イギリスの哲学者ジョン・ステュアート・ミルの評言)である。

これだけの短さなのにこれだけの新しい豊富な内容が含まれていて、その内容から、「プラトン哲学」として後に代表的な教説として知られるものが生まれた。そしてそのプラトン哲学の内容は激しい論争を生み、草創期におけるこの論争が大きなきっかけとなって、西洋哲学の豊かな内容がかたちづくられたとも言える。この意味で『メノン』は、これひとつで西洋哲学全体の個性的な導入にもなるような、貴重な作品である。しかもこの作品は、『プロタゴラス』とあわせて英訳した二〇世紀の代表的古典学者ガスリーが評したように、「プラトン対話篇のなかでももっとも楽しめて、もっとも読みやすい作品に属する二作品」のうちの一つである。

他方で、はじめに本書を手にするときに多くの人が感じる、やや読みにくいという印象の原因も、よく知られている。それは、ミルが絶賛する点である、「宝石」のように光の散乱する輝きのいわば裏として、この作品の展開がきわめて早く、徳《アレテー》そのものや他の主題をだれにも分かるようにはじめに説明する台詞が少ないというところにある。そこで、読解の上でのこの障害をあらかじめ消しておくために、はじめに作品で扱われる話の前提となっていることを手短に説明し、哲学の読み物としての楽しみがさらに倍にも三倍にもなるようにしたい。

ギリシャ北部テッサリアの裕福な家の出の若者メノンは、一〇代半ばの少年美の盛りの頃、国の支配者アリスティッポスが恋する美少年だった。テッサリアにやってきた弁論家・弁論術の教師ゴルギアスの技術に、国の代表的な面々はみな魅了され、弁論術の練習に励むようになる。メノンもこの練習に熱中し、やがて二〇歳くらいのときアテネを訪問してソクラテスと対話した際、自分の練習の成果を、徳《アレテー》に関する活動で著名なソクラテスに見せ、認めてもらおうとする。――以上がこの対話篇の設定である。設定年代からいうと、ソクラテス（前四六九～前三九九年）は六〇代後半、メノンが小アジアの対ペルシャ王の戦争に武将として参加する（そして敗北し、捕えられて死ぬ）寸前の、前四〇二年くらいと推定される。

メノンは、ソクラテス相手に「徳《アレテー》は教えられるか？」と問う。メノンは「人間教育」の考え方と弁論術に、熱中していた。ここでメノンが使うことばの「徳《アレテー》」が作品全体の主題になる。メノン自身は、徳《アレテー》とは人間としての実力であるというイメージを持っている。その「実力」は一流の人士として他人を支配し統率する政治的な力であり、これを教えてくれるソフィストや弁論家は、昔からの考え方の人々からは怪しい人々と思われていた。或る人々は徳《アレテー》があり、或る人々は徳《アレテー》がないこと、さらに或る人々は徳《アレテー》の反対の悪徳の人であることは、ギリシャ人が共通に持っていた考え方だが、それを「教える」専門家がいるという発想は、一般にはもたれていなかった。しかしこの「徳《アレテー》を教える」という考え方は、メノンや他の若者や、実力本位の新時代に自力で何とかうまくやりたいと思う一部の市民に支持された。

いっぽう、（プラトンが理解する）ソクラテス自身の若者の「教育」に関する基本的な態度は、『ソクラテスの弁明』などに書かれている。善や美など、人生でもっとも重要なことに自分は無知であると自覚していて、だから、人間としての立派さである徳《アレテー》が「教えられるか?」という問題は、ソクラテスに言わせれば、徳《アレテー》について知らない自分には教えられない、としか答えようのない問題である。それにもかかわらず、プラトンをはじめとして、ソクラテスのところでしか徳《アレテー》に関する考えを追求することはできないと考える若者もいた。これは、正義や節度や敬虔などの徳《アレテー》について、自分で考えるよう促し、自分の頭で考えざるを得ないように問いを発するソクラテスの方法に、かれらが惹かれたためである。

このように『メノン』の対話の背景として、当時のギリシャには少なくとも三種類の人々がいて、徳《アレテー》について三種類の考え方があったことを、理解しておく必要がある。第一に、伝統的な考えの人々である。これらの人々は「徳《アレテー》」ということばで優れた人のありかたを示すというギリシャ語とギリシャ社会の習慣には従うが、徳《アレテー》のある人間をつくることができるとか、育てることができるといった発想からは遠い。「徳《アレテー》の成果」は、政治や戦争や文学や芸術の分野で「有徳な人」が与えてくれるものとして享受するし、だれかに聞かれれば徳《アレテー》について何か言うことはそれほど難しいことでないと思いこんでいるけれども、徳《アレテー》自体がどうなっているか、どう生まれるかについては、じつはあまり考えていない。

第二に、ソフィストや弁論家といった紀元前五世紀に登場した新しい職業の人々がいる。たとえば当時のアテネなどでは、言論の力で出世できるようになり、また世の中を政治的に動かすことも可能になった。ギリシャ各都市で活躍したソフィストは、自分は知恵があり（「ソフォス・賢者」であり）、徳《アレテー》を教えることができると称した。「弁論家」を名乗ったゴルギアスも、おなじくおもにことばで「のしあがってゆく力」「支配の要領」を教えていたけれども、他のソフィストよりは慎重だった。じじつ、ソフィストを名乗ったプロタゴラスをはじめとする人々は、自分の「知恵」をひけらかすものではないという正統的な態度に逆らい「自分は賢い」と主張したことで、一部の熱狂的支持を得る反面、伝統派はもちろん多くの常識人に憎まれ、徳《アレテー》を教える職業を始めたが実際にはできていない、嘘つきだという反発・懐疑の的になった。これに対してゴルギアスは、立派で有能な話し方を教えるという、穏当なキャッチフレーズで当時の若者に近づいた。しかし、（プラトンの診断では）ゴルギアスを中心として起こった教育熱は、他のソフィストの運動がもたらした教育熱と、中身においてあまりちがわない。対話篇の最初に説明されるとおりメノンは、非常に若い頃から弁論術の教育を受けていたおかげで「話が上手になった」人間である。かれはプラトンの作品中でソクラテスの相手をつとめる人間として、異様に若い。二〇歳くらいである。それなのに平然と相手をつとめ、表面的に堂々とした押し出しと論戦に関する才を見せる。このメノンという登場人物は、第二の種類に属する弁論家の「教育」の「成果」を示すように配置されている。

第三に、ソクラテスという、徳《アレテー》に関する新旧の考えが併存する当時の教育ブームの中で、どう分類したらよいかわかりにくい特異な人物がいる。ソクラテスは徳《アレテー》について、ただたんに徳《アレテー》というものは役に立つよいものだなどという考えに甘んずることなく、それがそもそも何であるか探究している点で、伝統的な人々とは異なる。そして広い意味の「教育」が人間の立派さとほんとうの力の源であると考えている。しかし問いを発して若者に考えさせているだけで、自分は何か特定の内容を教えていないと明言すると同時にソクラテスは、徳を職業的に教えるという発想には反対の立場にいる。

このような根本的なちがいから、ソクラテスはかれ流のやりかたでメノンに接してゆく。第二の種類に属する当時の弁論術からするとメノンは優秀な生徒だが、ソクラテスの考える人間の「力」という点から観察してみると、メノンにはむしろ基本的とみなされる欠陥も目立つ。たとえば、相手と協力して共通の新しい認識に進もうという意欲と力が欠けており、他人から教わらないで自分で問題を考え、自分の過去の経験を反省しながら答えるという心構えさえ欠けているのが、読者にはすぐに分かるだろう。これは、ソクラテスにとって、アテネの町で自分のまわりにいる若者であれば期待できた初歩的な心構えである。

以上の背景となる考え方のちがいを理解することで、対話篇冒頭のぶっきらぼうな始まりを解説することもできる。冒頭でメノンはソクラテスに、徳《アレテー》についての重要な質問にちがいない「徳《アレテー》は教えられるか？」という質問を発する。ソクラテスはメノンに、どこからこの疑問を持つに至ったか、徳《アレテー》の理解に基づいて答えてもらおうとする。それが、ソクラテスが一貫してずっとメノンに対して答えさせようとする「徳《アレテー》とは何であるか？」という問いの、ひとつのねらいである。つまり、本気で徳《アレテー》について質問したいのなら、自分が徳を何だと思って、そう質問したのか、答えることができるはずだというわけである。あとに続く議論を読めばわかるように、メノンがこの点で徳《アレテー》とはこういうものだと自分の考えを言う場合でも、ソクラテスがそれでいいというふうに済ませて、対話が終わりになることはない。ソクラテスは「徳《アレテー》とは何か?」や他の「正義とは何か?」や「勇気とは何か?」などの問いに対する相手の答を聞いた瞬間から、次々と質問攻めにあわせる。つまり、「徳《アレテー》は教えられるか?」とソクラテス相手に徳について質問した瞬間、メノンはソクラテスのあらゆる質問を浴びる運命にあるのである。

このようにして『メノン』の議論は進んでゆく。

——それで、けっきょくメノンはどうなるのか? 具体的には本文をお読みいただきたいが、メノンに対してソクラテスは、メノンが自分で考えを進められるよう「自分の問題」に出会うところまでは、サービスする。これはソクラテス流の教育ないしトレーニングを受けにきたことに対する好意としてである。それ以上のことは、メノン自身の問題である。そして歴史的事実としては、この想定上の問答の後でメノンは、小アジアの戦争に武将として参加し、敗北して、あっけなく短い生涯を終える。

以上の対話篇内部の事情に加えて、対話篇が書かれた頃の時代状況に関する事実関係も説明しておこう。『メノン』を書いている時期のプラトンは、自分の学校アカデメイアを持っていた。この『メノン』の対話にも短い間登場する政治家アニュトスは、徳《アレテー》についてはは第一の種類の伝統主義者であり、ソフィストもソクラテスのグループも毛嫌いした。そのアニュトス率いる一派の画策によって前三九九年にソクラテスが裁判にかかり、七〇歳で死刑になったとき、プラトンは二八歳だった。やがて四〇歳を過ぎたときに、かれは各地での遊学を終えて故国アテネに定着し、郊外の森アカデメイアにおなじ名前の学園を創設する。『メノン』は、その少し後の前三八六年か前三八五年くらいの時に書かれたものである。

アカデメイアではプラトンの著作を学生に読ませていた。また学外でも読まれた。その中で『メノン』は、読者自身が徳《アレテー》の問題をわがものにして考える教材になったと思われる。プラトンは作家としての才能をいかして、ほとんどすべての作品を戯曲に仕立てた。戯曲というジャンルを選んだことは、かれのめざす教育にとって有利だった。ドラマは、見る人によってちがった効果がある。受け取り方はさまざまであり、それがプラトンのねらいに合っていた。プラトン自身の講義のようなものはアカデメイアであまりおこなわれなかったらしいが、入学した若い学生はプラトンの教育にふれるために、学園の教育手段として盛んにおこなわれた哲学的問答にみずから加わるとともに、プラトンの作品をていねいに読んで理解していった。

ソクラテスのせりふはメノンという野心的なひとりの若者に向けられているけれども、対話から得られる教訓は、やり取りを読む読者がどのように考えるかに応じて、さまざまになる。メノンのように初歩の最小限の「自分の問題」だけでなく、もっと数多くのもっと深い「自分の問題」が探り当てられるし、これまでにもそのようにして多くの読者が、『メノン』を読んで考えることで、哲学的に思考することを実例に則して学び、哲学を発展させてきたのである。その上冒頭にもふれたように、多くの作品がある中で『メノン』は、文学的戯曲の味が強い割にすっきり書かれている点が特徴である。短篇であり、プラトンの全著作の中でも比較的読みやすい作品として、昔から数多くの人に愛されてきた。

以上を簡単なまえがきにしておきます。それでは、本文でお楽しみください。

メノン――徳《アレテー》について

登場人物

ソクラテス

アテネの哲学者。この作品では六六、七歳と想定されている。作品の設定年代である紀元前四〇二年当時のアテネは、スパルタとの戦争に敗れ（前四〇四年）親スパルタ派三〇人による独裁的専制政治が半年間（前四〇四〜前四〇三年）続いたのち、結局民主派に打倒された直後である。ソクラテスは政権になびかない知識人として、アニュトスを中心とする当時の新政権からは要注意人物とみなされていた。その結果起こるソクラテス裁判は、ここで設定されている対話のおよそ三年後（前三九九年）、ソクラテス七〇歳のときのことである。

メノン

ギリシャ北部テッサリアのファルサロスの名門の生まれで二〇歳くらい。アニュトス家の客として滞在したとされるアテネへの訪問（前四〇二年）は、リュコフロンによるテッサリア内部の内紛の動きに対して、アテネとの同盟を再確認し対抗する意味合いだったと思われる。このアテネ訪問の後メノンは前四〇一年、ペルシャ大王アルタクセルクセス二世に対し弟キュロスが起こした反乱を支援するため出陣する。クナクサの戦いでキュロス軍は敗北し、メノンは捕らえられ、一年後に死んだ。

名門メノン家の召使い。まだ少年で、教育を受けていない。

メノンの召使い

一代で財をつくり有力政治家となったアンテミオンの子で二世政治家。アテネの保守派（民主派）でスパルタ風をきらう人物。またソフィストやソクラテスのような、新興の知的運動すべてに拒否感を持っている。アテネ三〇人独裁の時代には国外に逃れ、その後、同様に逃亡先の国外から戻り、独裁政権を打倒した民主派のトラシュブロスを助けて、新政権成立に功があった。『メノン』での想定上の対話の後、紀元前三九九年に若い詩人メレトスを弁論家リュコンと後ろから支えてソクラテス裁判の原告のひとりとなり、人気政治家である自身の立場を利用してソクラテスの悪印象を陪審員に植え付けようとした。

アニュトス

第一章　徳《アレテー》をめぐる難問

70A
メノン　ソクラテス、あなたにおたずねします。お答えください。徳《アレテー》[1]は教えられるものでしょうか？　それとも訓練によって身につくものでしょうか？　それとも徳《アレテー》は、訓練によって身につくものでも学ぶことのできるものでもなくて、生まれつきか、何かまた他のしかたで人々に備わっているものなのでしょうか？

ソクラテス　メノンよ、以前にはギリシャ人のあいだでもテッサリアの人々といえば、馬の技術と財産の豊かさの点で知られていて、その点でたたえられていたものだっ
B
た。ところが、今やかれらは、わたしの意見では、知恵の点でも知れ渡っていてたたえられているように思える。きみの仲間のアリスティッポス[2]の出身市であるラリサの町の人々の名前は、とくに知れ渡っているようだ。

ラリサの町の人々がこうなったのはゴルギアス[3]のおかげだ。というのもゴルギアスがテッサリアの国にやってくるや、きみを恋するアリスティッポスが一員であるアレウアス家[4]の人も、テッサリアの他の人々も、その主要な人物は、あのように知恵のある人になりたいと恋いこがれてかれの讃美者になったのだから。

　なかでも、ゴルギアスがきみたちに植えつけたのは、だれかに何か問われたならばかならずいつでも、答をちゃんと知っている人にこそふさわしく自信満々に、堂々と答えてみせるという習慣だった。なにしろゴルギアス自身も、答を求めるギ

1　原語の「アレテー」は一般に、ものの働きの卓越性をあらわす。人のアレテーの場合には「徳《アレテー》」のほうが意味がとおりやすい。「馬のアレテー」、「建築家のアレテー」(よく建てる)、「足のアレテー」(足の働きが優れていて速く走れる)、「衣服のアレテー」(衣服のよい性能)もあった。古代から受け継がれている『メノン』の副題にも選ばれている。本訳では「徳」としつつ「アレテー」とルビを入れる。

2　テッサリアの当時の支配者。

3　シシリー島レオンティノイ出身の弁論家。前五世紀から前四世紀にかけて一〇〇歳以上生きた。

4　テッサリアの都市ラリサの王家。

リシャ人ならばだれにも、何でも望みのことを質問させた上で、問われたことは何 C (70)
でもだれにでも答えてみせるというふうであったのでね。

しかし、親愛なるメノン、ここアテネではきみの国テッサリアとちょうど逆の有様になってしまっている。アテネではいわば知恵の「水涸れ」のようなものが起こってしまい、おそらくは「知恵」が、こちらの場所から去ってきみたちの国へと 71A
流れてしまったのだろう。じじつ、きみはここのアテネの人間のだれかに、先ほどわたしにしたように問うてみるがいい。だれだって笑って、みな異口同音にこう答えるだろうから。

「おやおや客人、わたしはあなたに、きっとなにか幸運きわまる人間であるかのように思われているらしいですね。徳《アレテー》が教えられるものかどうかということ、あるいはどのようにして備わるのかということを、わたしが知っているとあなたは思っているわけですから。しかしわたしは、徳《アレテー》が教えられるか、それとも教えられないかを知っているどころか、ひどく無知で、徳《アレテー》そのものがおよそいったい何であるかということさえ知らないくらいなのです」

——わたし自身にしても、メノン、そのような状態だ。この問題においてわたし B

はアテネの他の市民たちとおなじく知恵の窮乏状態にあえいでいて、自分が徳《アレテー》についてまるでぜんぜん知らないということを、自分に対して責め立てているのだよ。それで、何か或るものが何であるかを知らない人間でありながら、そのわたしがその或るものがいかなるものであるかを、どうして知ることができるというのかね？[5]　それともきみには、メノンとは何者であるかをまったく知らない人が、メノンは美しいか金持ちか、それに加えて高貴な身分か、あるいはその逆かということを知ることができると思えるだろうか？　きみはできると思うのかね。

メノン　いいえ、できるなんてわたしは思いません。

でもソクラテス、あなたが徳《アレテー》が何であるかさえ知らないということは、ほんとうなのでしょうか？　そしてあなたがそうであると、故国に帰って伝えてもよろしいのでしょうか？

C

5　「何であるか?」（本質）と「いかなるものであるか?」（本質と区別される属性）の区別が繰り返し話題になる。たとえばユークリッド幾何学では、公理に基づいて「三角形とは何か」（「本質」）を「三本の直線に囲まれた図形」のようにまず初めに知ることができる。その後、三角形の内角の和は二直角であるなど、三角形の「属性」に関わる定理を証明できる。

ソクラテス　もちろんそう伝えてかまわないよ。ただしそれだけではなくて、徳《アレテー》が何であるかを知っている他のどんな人間にもかつて会ったことがない、というふうにわたしが思っていることも、きみの国の方々に言ってほしいね。

メノン　何ですって？　ゴルギアスがアテネに来たときに[6]、あなたはかれに会わなかったのですか？

ソクラテス　いや、むろん会っているよ。

メノン　それであなたには、ゴルギアスが徳《アレテー》を知っているようには思えなかったのでしょうか？

ソクラテス　わたしはそれほど記憶の良いほうではないのだよ、メノン。それで、あのとき自分にゴルギアスがどんなふうに思えたか、いまは言えない。でも、おそらくかれは「徳《アレテー》とは何であるか」を知っていて、それと同時にきみもあの人が語ったことを知っているのだろうね。

それなら、かれがどんなふうに語ったか、わたしに想い出させてみてくれないか。もしよければきみ自身が答えてくれてもいいよ。なぜなら、きっときみはゴルギアスとおなじ考えなのだろうから。

(71)
D

メノン　ええ、そうです。あの方とおなじ考えなのです。
ソクラテス　それなら、ゴルギアスはここにいないわけだから、かれは放っておこう。きみはきみ自身、神々にかけてメノンよ、徳《アレテー》とは何であると主張するのかね？[7] 答の出し惜しみをせずに、どうか言ってくれたまえ。そうして、わたしはいまだかつて徳《アレテー》を知っている人に出会ったことがないと言ったのに、きみとゴルギアスが徳《アレテー》をじつは知っていたということが明らかになるなら、わたしは嘘をついたことになるけれども、その嘘がこれこそ幸運とよべる嘘になるようにしてくれたまえ。

＊

6　ゴルギアスは前四二七年に祖国レオンティノイの政治使節としてアテネを訪問した。そのときの話か、あるいは『メノン』直前に書かれたプラトンの創作『ゴルギアス』における、ソクラテスとゴルギアスたちの会話への言及であろう。

7　ゴルギアスの弁論術（レートリケー）では、他人の意見を受け売りで言ってよい。ソクラテスの対話（ディアレクティケー）では、相手が本心から信じる意見を語ることに始まり、その信じている意見について、ソクラテスが相手に質問してゆく。

E (71) **メノン**　いや、ソクラテス、その問いに答えるのは難しいことではありません。まずはじめに、もしあなたが男の徳《アレテー》とは何か答えてほしいなら簡単なことで、これこそ男の徳《アレテー》です。つまり国家公共のことをおこない、しかもそれをおこなう際、親しい友にはよくしてあげ、敵はひどい目に遭わせて、かつ自分ではそういったひどい目に遭わないようによくよく気をつけている[8]——こうしたことに充分なだけの力を持つこと、これが男の徳《アレテー》です。

また、もし女の徳《アレテー》のことをおたずねで、答えてほしいのなら、それを述べ立てることもべつに難しくはありません。すなわち女性は、家計を維持し夫によく従うことにより、家をよく治めるべきなのです。また、男の子にせよ女の子にせよ「子どもの徳《アレテー》」はまた別ですし、「年長者の徳《アレテー》」もまた別です。そしてまた、お望みなら「自由人の徳《アレテー》」などもありますし、「奴隷の徳《アレテー》」だってあるでしょう。

72A そうして、他にも無数に多くの徳《アレテー》があります。ですから、徳《アレテー》に関してそれが何であるかに答えて語ることは、難しい問題[9]ではありません。なぜならそれぞれの行為と年齢に応じて、また課題となる仕事ごとに、わたしたちひとりひとりに徳《アレテー》があるのですし、同様に、わたしが思いますに、ソクラテス、悪徳もあるからです。

ソクラテス　どうやらわたしは、たいへんな幸運に出くわしたようだよ、メノン。たったひとつの徳《アレテー》を探していたのに、きみのところにはたくさんの、いわば、大群のように徳《アレテー》があるのを見つけたのだからね。[10] しかし、メノン、この「大群」というまのたとえに沿っていえば、ミツバチがミツバチであることに関して、わたしがいったいミツバチとは何であるかと尋ね、きみがミツバチとは多数のものであり、あらゆる種類のものなのですと答えたとしよう。このとき、わたしがきみにこう質問したなら、きみは何と答えるだろう？

B

8　『ゴルギアス』の対話でゴルギアスはソクラテスに対して、弁論術が生み出す最高の善を「人々自身にとっては自由の原因となり、それと同時に、各人がそれぞれの国において、他の人々を支配する原因となるもの」と表現する（452D）。

9　「難しい問題」は悪いことで、徳《アレテー》が難問を持たないことは当然の事実であるとメノンは考える。原語は「アポリア（aporia）」で、この対話篇の主要テーマのひとつ。

10　「徳《アレテー》とは何か？」は、「敬虔とは何か？」「勇気とは何か？」「美とは何か？」などの『メノン』以前に書かれた対話篇の探究を受け継ぐ、一般的な問い。一般規準を問うこのような「何であるか？」という問いに関し、ソクラテスは相手がしばしば提出する具体的例示による答を、拒否する。『エウテュプロン』（6C–E）、『ラケス』（190E–192B）など。

「きみはいったい、ミツバチがまさにミツバチである点において、多数であり、(72)
あらゆる種類のものであり、お互いに異なっていると主張するのかね？　それとも、ミツバチはミツバチである点では少しも異なるものではなくて、たとえば美しさとか大きさとか、あるいはそうした他のどれかの点で異なっているのだろうか？」

　きみがどう答えるか、言ってくれたまえ。

メノン　わたしならこう答えます。それらのミツバチは、それぞれがミツバチである、そのかぎりではお互いに何も異ならない、と。

ソクラテス　では、続けてわたしがこのように言ったらどうかね？

「ほらね、そうだろ。で、そうなら、それそのものをわたしに答として言ってほ C
しいのさ、メノン。つまり、そこのところではミツバチがお互い何も異ならずぜんぶおなじであるようなもの、それは何だときみは答えるのだろうか？」

　きっと、きみはわたしに、なにか答えることができるだろう？

メノン　ええ、もちろん。

ソクラテス　いろいろの徳《アレテー》についてもおなじことなのだ。たとえ徳《アレテー》というものが「数多く」、「あらゆる種類のもの」であるとしても、すべての徳《アレテー》は何かひとつのかたち[11]を、共通におなじものとしてもっており、このかたちゆえに徳《アレテー》は徳《アレテー》なのだ。そして問いを発した人に対して答える人は、このかたちに注目することで、あの「徳《アレテー》とはまさに何であるか」という問いへも、きっと首尾よく立派な答え方で示すことができるにちがいない。

D　あるいは、きみにはわたしの言っていることが、わからないかな？

メノン　わかるような気もします。でも、何かまだ、ご質問の趣旨を思いどおりうまくはつかめません。

ソクラテス　ところで、徳《アレテー》に関してだけ男には男の徳《アレテー》、女には女の徳《アレテー》、他のものにはまたそれの徳《アレテー》のように、それぞれ別だときみには思えるだろうか？　それとも、健康や大きさや強さに関してもおなじだと思うのかね？　つまり、男の健康と女の健康は別であるというように、きみには思えるだろうか？　それともそんなことはなくて、男のうちに健康があろうと他のいかなるもののうちに健康があろうと、
E そこに健康がある以上、すべての場面であらゆる事例においておなじかたちがある

11　原語は「エイドス」。「かたち」、ものの「種類」の意味。

のではないだろうか？

メノン　はい。そのことなら女の健康でも男の健康でも、おなじ健康があるとわたしには思えます。

ソクラテス　大きさや強さでもそうではないかな？　じっさい或る女性が強いなら、かならず男性とおなじかたちで、そしておなじ強さで強いのだろうからね。なぜなら「おなじ」強さでとわたしが言うのは、強さは男性のうちにあろうが女性のうちにあろうが、強さである点で何も異ならないという意味なのだ。それともきみには、何か異なると思えるだろうか？

メノン　いいえ、そうは思えません。

ソクラテス　それで徳《アレテー》のほうは、子どものうちにある場合と年長者のうちにある場合で、また女性のうちにある場合と男性のうちにある場合で、徳《アレテー》である点で何らか異なる、などということになるのかね？

メノン　少なくともわたしには、なんとなくこの徳《アレテー》というものは、他のそうしたことがらとは、もはやおなじ扱いができないもののように思えるのです。

ソクラテス　では、これならどうだろう？　きみは、国家をよく治めることが男の徳《アレテー》であり、家をよく治めることが女の徳《アレテー》だと言ったね？

メノン　はい、そう言いました。

ソクラテス　国家にせよ家にせよ他のいかなるものにせよ、節度をもって正しく治めない人は、よく治める[12]ことが、できるだろうか？

メノン　いいえ、もちろんできっこありません。

ソクラテス　では、正しく、かつ節度をもって治めるばあい、人々は正義と、節度によって治めているのではないかね？

メノン　そうでなければなりません。

ソクラテス　したがって優れた[13]者であろうとするなら、女性にしても男性にしても、

12　「よく」はギリシャ語で「エウ」で、次の注の「アガトス」という形容詞の副詞形にあたる。goodに対するwellの関係である。

13　「優れた」と訳した原語は「アガトス」で、「よい（良い、善い、好い……）」ないしgoodに対応するギリシャ語形容詞。ギリシャ語話者には、「アガトスな（優れた）」人はアレテー（徳・卓越性）をもつという関係が理解される。優れた建築家は、建築家のアレテーをもつ。優れた牛は、牛のアレテーをもつ。優れた人間も、人間のアレテーをもつ。

両者そろっておなじもの、つまり正義と節度を必要とするのだね？ (73)

メノン　そう思えます。

ソクラテス　子どもと年長者ではどうかな？　子どもと年長者が放埒で不正でありながら優れた者になるなどということは、けっしてないだろうね？

メノン　ええ、そんなことはありえませんとも。

ソクラテス　いっぽう、節度があり正しいならば、かれらは優れた者になるのだね？

メノン　はい。 C

ソクラテス　したがってすべての人間は、おなじありかたで優れた者である。なぜなら［正義と節度という］おなじものを獲得してこそ、人々は優れた者になるからだ。

メノン　ええ、そのように思えますね。

ソクラテス　でも、もしさまざまな人々におなじ徳《アレテー》が備わっていなかったならば、人々がおなじありかたで優れた者であることにも、きっとならなかっただろう。

メノン　ええ。もちろん、そうはならなかったでしょう。

＊

ソクラテス　では、人々全員におなじ徳《アレテー》が備わっているのだから、徳《アレテー》そのもの[14]は何であるとゴルギアスは答え、また、ゴルギアスと一緒になってきみも答えるのだろうか？　何とか想い出して答えてくれ。

メノン　徳《アレテー》は人々を支配できることであり、これ以外の何ものでもありません。だれにとってもあてはまるただひとつの答を、あなたが求めるというなら、ですが。

ソクラテス　だが、じじつわたしは、そのようなひとつの答を求めているのさ。しかし、メノン、子どもにもおなじ徳《アレテー》があるのだろうか？　また奴隷にも、主人を支配できるというおなじ徳《アレテー》があるのかね？　つまり、ここでいう「支配する」者が、支配しながらまだ「奴隷」でもありうると、きみには思えるかな？

メノン　いいえ、まったくそうではないとわたしは思います、ソクラテス。

ソクラテス　だってきみ、そんなことはありそうもないことだからね。それに、この

14　「そのもの」と訳したのは、強意代名詞中性単数主格形 auto。名詞や形容詞とともに「〇〇そのもの」という強調の用法をもつ。徳《アレテー》の、そのつどの多様な現れにごまかされず、徳《アレテー》本体を「まさにそれ」「それのみ」のように見据え、答える、という含み。

ともさらに考えてみるべきだからね。きみは、徳《アレテー》とは支配できることであると主張している。そこへ、「正しく支配する場合であって、不正に支配する場合はちがう」という但書きを、付け加えるべきではないかな？

メノン　はい、そうすべきだと思います。なぜなら正義は、ソクラテス、徳《アレテー》なのですから。

ソクラテス　正義は徳《アレテー》なのだろうか、それとも或る種の徳《アレテー》なのだろうか？

メノン　それはどういう意味ですか？

ソクラテス　他のいろいろなものの場合と同様のことだよ。円形でもよい。たとえばこれについて、わたしは「円形は或る種の形である」のように言って、「円形は形である」というような限定のつかない言いかたはしない。そしてわたしがそのように言うのは、他の形もあるからなのだ。

メノン　はい、あなたのその言いかたは正確です。わたしも、正義だけでなく、他にも徳《アレテー》があると言いますから。

ソクラテス　それらの徳《アレテー》は何と何かね？　答えてくれ。もしきみが命じるなら、わたしはきみに、円形以外の他の形を答えることができる。きみもそのように、他

(73)　E　74A

の徳《アレテー》を答えてくれ。

メノン　ではわたしには、勇気も、節度も、知恵も、堂々たる度量も、他のすべても[15]徳《アレテー》であるように思えます。

ソクラテス　またしても、メノンよ、われわれはおなじ目に遭っているのだ。ただひとつの徳《アレテー》を探しながら、前とは[16]ちがうやりかただが、われわれが見つけたのは、またしても数多くの徳《アレテー》だ。それらの徳《アレテー》すべてにあまねく通用するようなひとつの「徳《アレテー》」を発見することが、われわれにはできていない。

メノン　それというのも、わたしには、ソクラテス、あなたが求めるような意味で、他のことがらの場合のように「すべてに当てはまるようなひとつの」徳《アレテー》を探し求めることが、やはり、できないからではないでしょうか。

B

15　「勇気」「節度」「知恵」に既出の「正義」を加えると、ギリシャ起源の四つの代表的な徳《アレテー》（枢要徳）になる（プラトン初期では「敬虔」を加え、五つが代表的とされた）。

16　前のアポリア、難問（71E–72A）は、男女、大人と子どもなど、多くのタイプの人間ごとに「徳《アレテー》」が分かれて数多くの徳《アレテー》しか見えない、ということ。

＊

ソクラテス　うん、それもありうるね。でもわたしは、できればわれわれが前進するよう努めよう。そうすればきみは、どんなことがらについても例外なくそうなっているると、きっとわかってくれるだろう。

わたしが先ほど語ったことを、だれかが問うたとしよう。「形とは何か、メノン？」――もしきみがこの相手に「円形です」と答え、もし相手がきみに、わたしとおなじように「円形は形なのか、それとも或る種の形なのか？」という問いを言ってくるなら、きみはきっと「或る種の形です」と答えるだろう。

メノン　はい、そのとおりです。

ソクラテス　それは、他の形もあるという理由からなのだね？

メノン　ええ。

ソクラテス　また、もしも相手がきみに、他にそうした形としてどんなものがあるかとさらに尋ねてくるなら、きみは答えることができるね？

メノン　はい、できますとも。

C

(74)

ソクラテス　また、相手が色についても同様に、色とは何であるかと尋ねて、これにきみが「白です」と答えるとき、問うた相手がその後「白は色なのか、それとも或る種の色なのか？」と口をはさんできたとする。他にも色があるという理由から、きみは「或る種の色です」と答えるだろう。

メノン　ええ、そう答えます。

ソクラテス　そして、もしその人がきみに他の色を挙げてほしいと言ったなら、白に劣らずおなじ色である他のものを、きみは答えるだろう。

メノン　はい。

ソクラテス　それでその相手がわたしのように議論についてきて、このように言ったとしたら、どうかな？

「われわれはいつも多くのものへと行き着いてしまう。――だが、きみはわたしに、単にそのように答えるだけではいけない。これら多くのものはお互いに反対の関係にあるのに、きみはそれらをひとつの名で呼び、これらのうち何ひとつとして形でないものはないと主張しているのだ。だから、むしろ直線にも円形にも、まったくおなじく当てはまるものは何であるのかを、きみは答えなければならない。そ

D

うしたものをきみは『形』と名指しているのだし、そうしたものによって、きみは (74)
円形は直線とおなじく『形である』と語っているのだ」——あるいはきみは、相手
がこう言うようには言わないのだろうか？ E

メノン　いや、わたしはそう言います。

ソクラテス　それなら、きみがそのように語るとしても、だからといって円形は、直線が円形でないのとおなじく円形ではないとか、直線は、円形が直線でないのとおなじく直線でないとかの主張をしているわけではないだろうね？

メノン　ええ、もちろんそんなことは言っていません。

ソクラテス　それでも円形は、まさに「形」としては直線と同等に形であるのだし、直線もまた円形とまったく同等に形であると、きみは主張するわけだ？

メノン　おっしゃるとおりです。

ソクラテス　それでは「形」という名がつけられている当のものは、いったい何だろうか？　何とか答えてくれないか。

75A　もしもきみが、形についてにせよ色についてにせよ、問いかけた人に対して「いや、あなた、このわたしはあなたが何をお望みかもわかりませんし、あなたが何を

語っているのかもわかりません」というように答えたなら、相手はびっくりして、次のように言うだろう。「これらすべてに共通のおなじものをわたしが探しているということが、あなたにはわからないのですか？」

あるいは、メノン、だれかがきみに次のように尋ねたとして、きみはその場合にも答えることができないのかね？　つまり「円形と直線に、またきみが形と呼ぶような他のすべてに共通するおなじものとは、何か？」のような問いだが。

何とか答えてくれないかね。きみにとって徳《アレテー》に関する問いに答える練習にもなるように。

メノン　いや、わたしが答えるのでなく、ソクラテス、あなたが答えてください。

ソクラテス　きみに、ひとつ答をサービスしようかな？

メノン　ええ、ぜひそうしてください！

ソクラテス　それでは、わたしが今答えてあげるなら、徳《アレテー》についてはきみもわたしに答える気になってくれるね？

メノン　はい、そうします。

ソクラテス　それなら、がんばらなければならないな。十分にやりがいがあるのだから。

B

メノン　はい、そうですとも。 (75)

ソクラテス　では、そのように進めよう。きみに形とは何かを答えるよう努めてみよう。この答が形そのものであると認めることができるか、考えてみたまえ。

形とは、存在するもののうちで色につねに随伴するような唯一のものである。――これを、われわれの答とする。これできみには十分満足がいくだろうか？　あるいはきみは、何か別の答え方を求めているのだろうか？　こんなふうにでもきみがわたしに対して答えて徳《アレテー》を語ってくれるなら、わたしのほうとしては満足なのだが。 C

メノン　しかし、その答では甘いですよ、ソクラテス。

ソクラテス　それはどういうことかね？

メノン　あなたの説明によれば、形とは色につねに随伴するものである、ということのようです。よろしい、そうだとしましょう。しかしそのとき、だれかが、自分は色というものを知らないと言い、形に関するのとおなじように色に関しても難問に悩んでいる、と考えてみるといいです。このような場合あなたは、自分がどの程度意味のある答を出したと考えますか[17]？

ソクラテス　出したのは正しい答だと、わたしのほうでは考えている。

そこで、もしその問い手が、知恵のある賢者であるような、論争と、けんか腰の討論を得意とする人々のひとりであるなら、わたしはその人に対し、「わたしの答としては、以上申し上げたとおりです。もしもわたしが正しく語っていないのなら、わたしのどこが正しくないのかを説明して、論駁するのは、あなたの側の義務です」と答えるだろうね。 D

でも、もしそうではなく、問い手と答え手が、わたしときみがいましているように、親しい友人として互いに対話をするつもりなら、もう少しより穏和に、いっそう対話問答にかなったやりかたで、答えなければならないだろうね[18]。そして、「いっそう対話問答にかなったやりかた」とは、きっと、真理を答えるのはもちろ

17　メノンの批判は、ソフィストや弁論家が相手の説明の弱点を攻撃するしかたを学習した成果と考えられる。『ソフィスト』（239D–240A）では、「写し」を「水や鏡の写しや描かれたものや刻まれたものなど」のように説明すると、視覚を欠いていれば分からないとして、ソフィストに純粋にことばによる定義を求められると論じられる。

18　ソクラテス流の対話である「ディアレクティケー」の副詞で表現される態度。

んのことだが、単にそれだけでなく、問いを立てる人から、自分はそのことを知っているという同意を別にとりつけておいた事柄を通じて、真理を答えてあげる、ということではないだろうか。そこで、わたしもきみに、このやりかたで答えるように努めることにしよう。 (75)

それでは答えてくれ。何か「終わり」というものがあるときみは言うだろうね？ E
わたしが言いたいのは「限界」とか、「末端」のようなもののことだが。これらすべてはおなじものを意味しているとしておく。おそらく、あのプロディコス[19]はこの点でわれわれに同意しないだろうが、ようするに、きみはきっと、何かは「限られている」とか「終わりに至っている」のようなものの言い方をしているだろう。わたしがここで言おうと思っているのはそういったことで、何ら複雑なことではない。

メノン　はい、わたしはそのように言っていますし、あなたのおっしゃることが理解できたと思います。

ソクラテス　それでは、どうだろうか？　きみは、たとえば幾何学の問題でいうような、「平面」というものが何かあり、「立体」というものが、これとは別に何かあると言うだろうか？ 76A

メノン　はい、わたしはそう言います。

ソクラテス　そうなら、きみはこれらのことから、わたしが形とは何であると言うか、もうすでにわかるだろう。というのも、いかなる形をとってみても、立体がその端で限られているもの、これが形〔平面図形〕であるとわたしは言うのだから。そして短くまとめて、「形とは、立体の限界である」と言っておこう。

＊

メノン　では、色のほうをあなたは何であると言いますか、ソクラテス？

ソクラテス　それにしてもきみは傲慢な男だねえ、メノン！　きみは年長者に対して答えるように指図しておきながら、自分では、ゴルギアスが徳《アレテー》とはいったい何であると語ったか、記憶をたどって答えようとしないとはね！

B

19　ケオス島出身で前五世紀と前四世紀にかけて活躍した、言葉の区別に厳格なソフィスト。ソクラテスとも親しい。『プロタゴラス』（337A, 358A）、『ラケス』（197D）、『カルミデス』（163D）など。

メノン　いえいえ、あなたが色とは何かを言ってくだされば、ソクラテス、わたしはあなたに答えますよ。

ソクラテス　きみが対話しているとき、メノン、人はたとえ目隠しをされたって、きみが美しい人であり、きみを恋する人々がいまなおいるということは、わかるだろうな。

メノン　いったいどうしてですか？

ソクラテス　なぜならきみは、議論においてああしろ、こうしろと言ってばかりではないか。それは、若くて美の盛りである間、讃美者に対しずっと専制君主のようにふるまえたために、甘やかされ、わがままになってしまった人々がやることなのさ。それに、きみは同時に、わたしが美少年にはからきし弱いということに、どうやら気づいたようだね。

そのようなわけで、わたしはきみの気を引くようにして、答えてあげよう。

メノン　ええ、ぜひそうしてください。

ソクラテス　それでは、きみがもっともよく話についてくることができるように、お望みならゴルギアス流にでも、答えてみようかな。

(76) C

メノン　はい、もちろんそれでけっこうです。

ソクラテス　ゴルギアスもきみも、エンペドクレス[20]の説に従って、存在するさまざまなものからもろもろのものが「流出」する、というふうに言っているだろう？

メノン　はい、まったくそのとおりです。

ソクラテス　また、これらの流出物が入っては通過するような、いく筋もの「通り道」のことも語っているね？

メノン　ええ、語っていますよ。

ソクラテス　そして、さまざまな流出物のうちの一部のものは、通り道のいくつかにぴたりと合っているけれども、残りのものは通り道より大きかったり、小さかったりすると言っている。

D

メノン　はい、そのとおりです。

ソクラテス　では、「視覚」というものが何かあるともきみは言うね？

20　前四九二頃～前四三二年頃の、南イタリア・シシリー島、アクラガス出身の宗教詩人であり自然哲学者。感覚など、認識の働きに関する最初期の理論の考案者でもあった。

メノン　はい、そう言います。 (76)

ソクラテス　それでは以上のことから、ピンダロス[21]も言っていたような、「これから言うことを理解せよ」となる。

すなわち、色とは、もろもろの形のものから流出し、大きさが視覚に釣り合って感覚されるような流出物にほかならない。[22]

メノン　ソクラテス、わたしには今のあなたのそのお答は、非常にすばらしいと思えます。

ソクラテス　そう思うのは、おそらく、きみがよく慣れ親しんだ言いかたでわたしが語っておいたからだろう。また同時に、きみ自身も気づいただろうと思うが、色についてのこの答をもとにして、音声は何であるかということ、匂いは何であるかということ、またその他のこの種の多くのことを、きみは定義して語ることができる E
だろう。

メノン　ええ、やれそうに思えますね。

ソクラテス　いまのこの答はいかにも仰々しいから、メノン、それできみにはこれが、形に関する先ほどの答以上に気に入ったのさ。

メノン はい、非常に気に入りました。

ソクラテス しかしそれでも、アレクシデモスの息子［メノン］よ、わたしが確信しているところではそうではない。先ほどの形の定義のほうが、すぐれているのだ。[23]もしきみが昨日言っていたように、秘儀のお祭り[24]の前にこの地を立ち去らなければならないのではなく、ここにとどまって秘儀をさずかるなら、きみだって考えを変えるとわたしは思うよ。

メノン いや、わたしはここにとどまりますよ、ソクラテス、もしあなたが先ほどのような答を数多く言ってくださるというのであればね。

---

21 前六世紀～前五世紀のテバイ出身の抒情詩人。ここのせりふは断片94（Bowra）にあたる。

22 「視覚と大きさが釣り合って視覚によって感覚される流出物」と訳す解釈もある。大きさが合うことは、色として見えるための、見る眼の側からの条件。

23 「形とは、立体の限界である」（76A）。知らない人をあっと驚かすようなことばの迫力はなくとも、幾何学という学問のなかで定義としての十分な価値をもっている。

24 ギリシャ全土で有名な、二月小祭、九月大祭として毎年催される、アテネ周辺アッティカ地方のエレウシスの秘儀（ミュステーリア）をさす。

ソクラテス　そういうことなら、わたしは、きみのためにもわたしのためにも、答え (77)
る意欲は満々で、その点に不足はない。ただし、自分にはそのような答を数多く語
ることはできないのではないだろうかとわたしは思うのだが。

＊

ソクラテス　けれども、今度はきみのほうで、さあ、約束を果たそうとしてほしいのだ。徳《アレテー》について、その全体にわたって、徳《アレテー》とは何であるか、語ってくれたまえ。そうして、冗談の好きな人々は、何かをばらばらにこわしてしまった人々について、あいつは今度、ひとつのものからたくさんのものをつくった、というように言ってからかうけれども、きみはそのように「たくさんつくる」ことはやめにして、徳《アレテー》をその全体のまま、ぶじにこわさないようにした上で、徳《アレテー》とは何であるか語りな
さい。しかも、きみはすでにやりかたの見本を、わたしから得ているはずだ。 B

メノン　それではわたしには、ソクラテス、詩人がいうように[25]、徳《アレテー》とは「美しいものをよろこび、力を持つこと」であるように思えます。それで、わたしは自分の主張として、美しいものを欲し、そうしたものを獲得する力があることが徳《アレテー》

であると言いましょう。

ソクラテス　では、きみははたして、美しい立派なものを欲する者は、よいものを欲しているの[26]と言うだろうか？

メノン　ええ、もちろんです。

ソクラテス　その場合きみは、いろいろな人がいて、或る人々は悪いものを欲するが、他の人々はよいものを欲するという意味で言っているのかね？　ではきみ、人はみなそろってよいものを欲していると、きみには思えないのかな？

メノン　たしかに、そうは思えませんね。

ソクラテス　悪いものを欲する人もいる、と言うのだね？

メノン　ええ。

ソクラテス　そういう場合、人々は、その悪いものをよいものと考えて、それらを欲

C

25　だれのことばか不明。

26　「美しい」ないし「立派な」は原語では「カロス」。「よい」は「アガトス」。以下、よさ・悪さが議論の中心となる。また、以下の議論ではソクラテスは「よい」を有益性という観点で論じてゆく。

(77) するときみは言うだろうか。それとも人々は悪いということを知っていて、それにもかかわらずそうしたものを欲する、と言うのだろうか？

メノン　わたしには、その両方の場合があるように思えます。[27]

ソクラテス　するときみには、メノン、悪いものが悪いということを知っていながら、しかもなお、そうしたものを欲するような人が、現にいると思えるのだね？

メノン　はい、もちろん。

ソクラテス　その人はそういう悪いものについて、何を欲するときみは言うのだろうか？　悪いものがその人のものになることを欲する、と言うのではないだろうか？

メノン　ええ、かれのものになることを、です。他のことではありえません。

D **ソクラテス**　その場合、その人は悪いものが、それがだれか或る人のものになっているとき、その当人のためになると考えているのだろうか、それとも悪いものというのは、だれかのものになるときに、かならずその当人にとって害になることを、知っているのだろうか？

メノン　悪いものが有益であると考える人々もいるでしょうし、じつは害があると知っている人々も、いるでしょうね。

ソクラテス　いったい、悪いものが有益であると考える人々が、悪いものが悪いということを知っていると、きみにはほんとうに思えるだろうか?[28]

メノン　うーん、その点に関しては、わたしには、かれらが知っているというふうには、あまり思えませんね。

ソクラテス　そうすると、明らかに、これらの人々、つまり悪いものとは知らない人々のほうは、「悪いものを」欲しているわけではなくて、自分がよいと考えたものを欲しているのであり、ただそう考えたものが、実際には悪いものだということになるね。したがって、それらが悪いと知らずによいものだと考えている人々は、明らかに「よいものを」欲しているのだ。そうならないかね?

27　メノンは「意志の弱さからくる行為」があることを、常識に従って認める。

28　ソクラテスは「悪いと知る」ことを、言い訳が効かない言葉づかいに限定していく。たとえば、酒を飲んではいけないと「わかっている」のについ飲んでしまう場合、その人は酒の悪さや酒を飲むことの実害をほんとうは理解していないのであり、むしろ酒や飲酒をよいものとして認めているということを、行動で示している、というように表現される立場をソクラテスは採る。

メノン　ええ、おそらくかれらについては、そうなっているのでしょう。
ソクラテス　それでは、これはどうだろうか？　きみの言い方では、「悪いものを欲する」人であって、しかもその悪いものは、それを自分のものにする当人にとってかならず害になる、と考えるような人々がいるというのだが、この人々は、きっと、それら悪いものによって自分が将来害を受けると、知っているのだね？
メノン　ええ、そうでなければなりません。
ソクラテス　そして、その一方でかれらは、害を受ける人々は、害を受けているかぎり、惨めであると考えるのではないだろうか？
メノン　その点もそのとおりに違いありません。
ソクラテス　また、惨めな人々は「不幸」ではないだろうか？
メノン　はい、わたしはそうだと思います。
ソクラテス　それでは、惨めで不幸でありたいと思う人が、いるかかな？
メノン　いや、わたしはいないと思います、ソクラテス。
ソクラテス　すると、メノン、少なくとも人が惨めで不幸な者でありたいと思わないなら、だれも悪いものを欲しないことになる。というのも、惨めであるということは、悪いものを欲しかつ自分のものにすることと、何ら異ならないのだから。

メノン　おそらく、あなたが言っていることは、正しいのでしょう。そして、たぶんだれも、悪いものを欲しないのでしょう。[29]

＊

ソクラテス　さて、先ほどきみは、「徳《アレテー》とは、よいものを欲し、それを獲得できることだ」と定義したのだね？

メノン　はい、わたしはそのように言いました。

ソクラテス　するとこの定義で言われることのうち、「［よいものを］欲すること」のほうは全員にあてはまることで、とにかくこの点では、或る人が他の者より優れているというようなことは、まったくないのではないだろうか？

メノン　ええ、そのように思えます。

29　メノンはここまでの議論で、ソクラテスのリードにより、「悪いものを欲すること」が存在しないという、常識に反した結論に同意する。

ソクラテス　そして、もしもかりに或る人が他の者より優れているのであれば、明らかに、「〔獲得〕できる」という点においてより優れているのであろう。 (78)

メノン　はい、まったくそのとおりです。

ソクラテス　そうするときみの説明では、徳《アレテー》とは「よいものをわがものとする力があること」になるようだ。 C

メノン　ええ、そのとおりです。わたしには、ソクラテス、まったくあなたがいま解釈されたとおりであるように思えます。

ソクラテス　それでは、そのきみの言っていることが正しいかどうか、考えてみよう。たぶんきみの言っていることが的を射ているのだろうから。きみの主張では、徳《アレテー》とは、「よいものをわがものとする力があること」なのだね？

メノン　はい、そのように言います。

ソクラテス　きみはたとえば、健康とか富のようなもののことを、「よい」ものと呼ぶのだろう？

メノン　ええ。それに、金と銀や国家における名誉と要職を獲得することも、よいものであるとわたしは言います。

ソクラテス　きみがよいものであると言うのは、このようなものであり、それ以外ではないのだね？

メノン　はい、そういったものが全部よいものである、とわたしは言います。

ソクラテス　よろしい。それでは、先祖の代からペルシャ大王の賓客であるメノン氏 D
が言うには、徳《アレテー》とは金や銀をわがものにすることである。きみは、メノン、そうした金銀の獲得に「正しく、敬虔な仕方で」という一言を付け加えるだろうか、それともそんなことには何のちがいもなくて、たとえ人が不正な仕方で金銀をわがものにしたとしても、それでも同様にそのことを「徳《アレテー》」と呼ぶのだろうか？

メノン　いいえ、そんなことはけっしてありません、ソクラテス。

ソクラテス　不正に手に入れるのなら、悪徳なのだね？

メノン　はい、もちろん。

ソクラテス　そうするとその獲得には、正義や節度や敬虔など、徳《アレテー》の部分を付け加
えなければならないように思える。もしこれらがなければ、たとえよいものを獲得 E
するにせよ、その獲得は徳《アレテー》ではないことになる。

メノン　ええ、もちろんそのようなものなしに徳《アレテー》となりえるなど、ありえません。

ソクラテス　だがそれとは逆に、金と銀を手に入れることが正しいことではない場合には、自分のためにも他人のためにもそんなものを獲得しないこと、これもまた、徳《アレテー》であるのではないかね？

メノン　はい、そのように思えます。

ソクラテス　そうすると、このようなよいものを「獲得すること」が「獲得しないでいること」以上にすぐれて徳《アレテー》であるとは、まったく言えないことになる。[30]正義を伴っておこなわれる獲得であれば徳《アレテー》であろうが、正義などがまったくないままおこなわれる獲得なら、悪徳だということになるね。

メノン　ええ、あなたがおっしゃるとおりにちがいありません。わたしにはそう思えますね。

ソクラテス　ところで正義や節度や、このようなすべてのものは、それぞれ徳《アレテー》の「部分」であると、少し前に[31]われわれは言っていたね。

メノン　はい。

ソクラテス　そうすると、メノン、きみはこのわたしに対して、ふざけているのかな？

79A

メノン　それはいったいどうしてですか、ソクラテス？

ソクラテス　こういうことだよ。さっきわたしのほうできみに、徳《アレテー》をばらばらにしたり、切り刻んだりしないように求め、その上、手本としてきみが答えることができるような「見本」まで、与えてあげたではないか。[32] それなのに、きみはこれを無視したばかりか、徳《アレテー》とは、「正義を伴って」よいものをわがものにすることができることだ、などと言っている。ところがこの「正義」は、きみの主張では、「徳《アレテー》の部分」のことなのだ。そうだね？　B

メノン　はい、それがわたしの主張です。

30　ここまでの議論から、よいものを獲得するしないにかかわらず、その行為が正義・節度・敬虔（等）を伴えば徳《アレテー》、そうでなければ徳《アレテー》でないことになる。

31　74Aを参照。

32　形について、円や直線などの具体的な形がぜんぶ形であることも説明できるような「立体の限界」（76A）という形全体の定義を与えた。色についても、「もろもろの形のものから流出し、大きさが視覚に釣り合って感覚されるような流出物」（76D）という定義を与えた。

(79)

*

ソクラテス　だから、きみが同意している、こうしたことからすると、何をするにしても徳の或る部分を伴ってさえいれば、その行為は徳《アレテー》であるということになる。というのも、きみは正義や、そうしたもののそれぞれが、徳《アレテー》の部分であると主張するのだからね。

メノン　それで、それの何が問題なのでしょうか？

ソクラテス　わたしが言っているのは、こういうことだよ。わたしは徳《アレテー》全体を定義してほしいと求めた。それなのに、きみは徳《アレテー》そのものが何であるかを定義するところか、「どんな行為も、徳の或る部分を伴っておこなわれるなら、かならず徳《アレテー》
である」と主張しているのだ。まるできみのほうで前もって、「徳《アレテー》は、全体として C
何であるか？」を説明してくれたので、たといまきみが徳《アレテー》を部分部分へ切り刻んだとしても、わたしはこの先徳《アレテー》全体をしっかり把握していけるかのようだ。
　したがってわたしの意見では、親愛なるメノン、きみはもう一度はじめに戻って、「徳とは何であるか？」というおなじあの最初の問いに取り組む必要があるのだよ。

もし徳の部分を伴ういかなる行為も徳《アレテー》であるならね。なぜならこのことこそ、「正義を伴ういかなる行為も徳《アレテー》である」とだれかが語るときに、そこで言われている意味なのだから。

それともきみは、もういちどおなじ問いが必要になっているとは思わず、徳《アレテー》そのものを知らずに徳《アレテー》の部分が何であるかを知っている人がいると、考えるのかな?

メノン　いいえ、そんな人がいるなんて思いません。

D
ソクラテス　そうとも、いるわけないさ。それに、もしきみが、ちょっと前にわたしがきみに形について答えたことをまだ覚えているなら、われわれはたしか、目下探究しているところであり、まだ同意が得られていないようなことがらを使って答えようと企てたのを、拒絶したはずだ。[33]

33　ソクラテスが「形とは、存在するもののうちで色につねに随伴するような唯一のものである」と答えたおり、色という、わからないものを含むとしてメノンから文句が出た場面。ソクラテスは「形とは、立体の限界である」を答として提出し直した（75B–76A）。

メノン　そのとおりです。それだけでなく、わたしたちがそう拒絶したのは正しいこ (79)
とです。

ソクラテス　そうならきみ、きみだって、徳《アレテー》全体が何であるかをまだ探究している
途中で答えられていないうちに、徳《アレテー》のもろもろの部分を通じて問いに答えようと
するとき、自分がなんらか徳《アレテー》［そのもの］を解明できるなどと、考えてはいけな
いのだ。また、他のことがらでも、これとおなじ、部分しか言わないようなやりか
たで答えて、それでそのことがらを解明できるというふうに、考えるべきではない。
「徳《アレテー》に関してきみがいま言っていることをきみが言うのは、そもそも徳が何である
からなのか?」というおなじ問いが、ふたたび、必要になってくると考えなければ E
ならないのだ。
あるいはきみには、わたしが愚にもつかないことを言っていると思えるだろう
か?

メノン　いいえ。わたしにはあなたは、正しいことを語っていると思われます。

ソクラテス　それでは、もう一度初めから答えなさい。きみも、きみの仲間［のゴル
ギアス］も、徳《アレテー》とは何であると主張するのかね?

第二章　探究のパラドクスと、「想起」に訴える回答

メノン　ソクラテス、わたしはあなたにお会いする以前から、あなたは自分で難問[34]に悩み、他人をも難問に悩ますことしか、しない人だという話を聞いていました。現にいまも、あくまでわたし個人の印象ですが、あなたはわたしに、魔法をかけ魔術で欺いて、文字通り呪文をかけてしまいました。それでわたしは、こんなにもたくさんの難問に取り囲まれて、途方にくれています。そしてほんの少したちの悪い言い回しで言わせていただけるなら、お顔からも他の点からも、わたしには、あらゆる意味であなたは、あの海にいる平たいシビレエイにもっともよく似ているように

80A

34　「アポリア」。哲学的難問。その難問が引き起こす心理的困惑をも含んで語られる。

思えます。[35]じじつシビレエイも、そのつど近づいてきて自分にふれる人間を痺れさせますが、わたしには、あなたがいまわたしをおおよそそんな目に遭わせたように思えるからです。というのもわたしは、心も口もほんとうにひどく痺れてしまっていて、あなたに申し上げるような答をもっていないのですから。 (80)
でも、まちがいなくわたしは、徳《アレテー》については、もう数え切れないくらいの回数、ものすごくたくさんの言論を、たくさんの人を相手に話してきたのです。そして自分自身の印象では、そうした言論は、非常にできのよいものだったのです。ところが今は、徳《アレテー》が何であるかということさえ、まったく言うことができません。そういうわけでわたしには、あなたがこのアテネの国から出て他国に移住していないのは、賢いお考えであるように思えるのです。なぜなら、客として滞在している人間がよその国でこんなことをしでかしたなら、たぶん魔術師として牢獄送りになるでしょうから。[36] B

ソクラテス　きみは抜け目がない男だね、メノン。わたしは、もうすこしできみに、だまされてしまうところだったよ。

メノン　いったいどうしてですか、ソクラテス。

ソクラテス　わたしをあんなふうにたとえたことには、きみのどんな意図が隠されているか、わたしにはわかっている。 C

メノン　いったいどういう意図だと、お考えなのですか？

ソクラテス　それは、次にきみをわたしが、たとえ返すだろうということだよ。わたしは、あらゆる美貌の人が、何かにたとえてもらえるのを喜ぶということを、よく知っている。それは自分たちには、もうけものだからね。なぜなら、思うに、美しい人はともあれ何か美しいものにたとえられるものだから。ふん、だけど、わたしはきみをたとえ返してなんか、あげないよ。

　わたしのことを言わせてもらえれば、「シビレエイ」が自分でも痺れてしまって、そのために他の人々を痺れさせているというのであれば、わたしはシビレエイに似ている。そうでないなら、わたしはそんなものには似ていない。というのもわたし

35　『テアイテトス』（143E）でテオドロスはソクラテスの顔を、小鼻が開いた「めくれ鼻」、「出目」と形容している。

36　『クリトン』で死刑執行を待つ牢獄のソクラテスにクリトンが脱獄計画を明かす際、計画において用意されたソクラテスの落ち延び先は、メノンの国であるテッサリアだった（45C）。

は、自分では難問の解答を知っていて他の人々を難問で苦しめているというのではなく、どこのだれよりまず自分自身、難問にひどく苦しんでいて、それだからこそ他の人々をも難問で苦しめているのだからね。

いまも現にわたしのほうは、徳《アレテー》が何であるか、知らないのだ。それに対しきみ
D のほうは、おそらく初めにまだわたしに「ふれる」までは、徳《アレテー》を知っていたのだろう。しかし今は、徳《アレテー》を知らない人間とおなじようなことになってしまった。それでも、徳《アレテー》とはいったい何か、わたしはきみとともに考察し、ともに探究したいと思うのだ。

メノン それで、ソクラテス、あなたはどんなふうに、それが何であるか自分でもまったく知らないような「当のもの」を探究するのでしょうか？ というのもあなたは、自分が知らないもののなかで、どんなところに目標をおいて、探究するつもりでしょうか？ あるいはまた、たとえその当のものに、望みどおり、ずばり行き当たったとして、どのようにしてあなたは、これこそ自分がこれまで知らなかった「あの当のもの」であると、知ることができるでしょうか？[37]

E **ソクラテス** きみが何を言おうとしているのか、わたしにはわかるよ、メノン。例の、

もっぱら相手との論争のために使われるような言論[38]を自分が紡ぎ出そうとしていることが、きみにはわかっているのだろうね？　つまり、「人間には、知っていることも知らないことも、探究することはできない。知っていることであれば、人は探究しないだろう。その人はそのことを、もう知っているので、このような人には探究など必要ないから。また、知らないことも人は探究できない。何をこれから探究するかさえ、その人は知らないからである」

メノン　その言論は見事につくられているように、あなたには思えないのですか、ソクラテス[39]？

37　メノンの「探究のパラドクス」。以後の対話の主題になる。

38　「エリスティコス」。「ディアレクティケー」の協調・友愛の対話法との対比で、75C–D で言われた、けんか腰で論争的な方法による言論のこと。

39　ソクラテスは探究される対象を知っている場合も付け加えて、ジレンマの形の議論にした。メノンはソクラテスのこのような重大な変更にも驚かないので、この当時のポピュラーな言論を知っていて気に入ったメノンが、その一部を下敷きにした可能性がある。

ソクラテス　そうとも。わたしには見事とは思えない。 (81)

メノン　どの点がまずいか、あなたは言えますか？

＊

ソクラテス　うむ、言えるよ。というのも、わたしは、神々のことに関して知恵がある男女の方々から、伺ったことがある……。

メノン　その知恵ある人々が、どのような教えを語るのを聞かれたのでしょう？

ソクラテス　わたしの思うところでは真実の教えを語っておられた。しかもそれは、秀逸な教えでもある。

メノン　その教えはどのような内容で、それを語っているのはどのような人々なのでしょう？

ソクラテス　教えの語り手は、神々に仕える男女のなかでも、自分が専門でかかわっていることがらについて、ことばで説明できるということを引き受けておられる方々だ。[40]またピンダロスや神々しい他の多くの詩人たち[41]も、この教説を語っている。
そしてかれらが語る教説は、これだ。かれらが真実のことを語っているときみには B

思えるか、さあ、考えなさい。

　この人々の語るところでは、人間の魂は不死であり、時に人生の終わりを迎えるが――これを「死ぬ」ことと人々は呼んでいる――、また時に、ふたたび生まれてくるのであり、けっして滅びることはない。そこで、このことのゆえに人は、人生をできるだけ敬虔なしかたでまっとうしなければならないのである。なぜならそうすれば、[42]

ペルセポネは昔の悲嘆[43]への償いを
受け入れて、九年目に、[44]
かの人々の魂をふたたび、上空の太陽へと昇らせる。

40　魂の不滅を信じるオルフェウス教とピュタゴラス派の人々のこと。
41　一例はエンペドクレス。
42　以下の韻文はピンダロスの失われた作品の一部。
43　冥府の女王ペルセポネが息子をティタン族に殺された悲嘆。このためにゼウスがティタン族を雷鳴で皆殺しにして、人類はその灰から生まれたとされる。

C (81) こうした魂から、崇高な王たちと、
力を素早くふるう人々[45]と、知恵のもっとも偉大な人々が
生まれ育ち、後世、人間たちからは、「聖なる半神[46]」と呼ばれている。

ということになるのだ。

このように魂は不死であり、すでに何度も生まれてきており、この世のことでも冥府のことでもあらゆることがらをすでに見てきたので、魂が学び知っていないことは何もないのだ。したがって、徳《アレテー》についても他のさまざまなことについても、なにしろ魂が以前にもう知っていたことなので、魂がこれらを想起できることには何の不思議もない。

なぜなら事物の自然本性[47]はすべて同族であり、魂はすべてのことを学び知ってい
D るので、人が或るたったひとつのことでも想起するなら――このことを人間どもは「学習」と呼んでいるが――、その人が勇敢であり、探究を厭わなければ、他のすべてをかれが発見することには何の妨げもないのである。というのも探究することと学習することは、けっきょく全体として、想起することに他ならないから。

それゆえに、ただの論争のための先ほどの言論を、納得して信じてはならない。なぜならあれはわれわれを怠け者にしてしまうし、怠けやすい軟弱な人間の耳にならば気持ちよく響く説なのであるが、いま説明した賢者の教説はわれわれを活動にいそしむようにし、探究に向かうようにしてくれるからである。

――このようにわたしは、この教説が真実であると信じているものだから、それできみとともに、徳《アレテー》に関して、それが何であるか探究したいと思うのだ。[48]

メノン　ええ、わかりました、ソクラテス。でも、わたしたちは学ぶのではなく、わたしたちが「学習」と呼んでいるものは「想起」であるということを、あなたは、

44　ヘシオドス『神統記』七九三〜八〇六行では、不死の神々のうち偽りの誓いを立てる者は、一年間意識なく横たわった後、九年間神々のもとから追放され、その後ようやく許される。
45　運動選手のこと。
46　「半神（hērō）」は神話で、片親が神、片親が妖精や人間である両親をもつ子。「英雄」でもある。
47　「自然本性（フュシス phusis）」は、欧語文脈の nature などのそもそもの起源にあたり、和文脈の「自然」より広く、或る物事の自然本性、たとえば「人間の自然本性」や「国家の自然本性」、「徳《アレテー》の自然本性」のようにも言えることば。

どんな意味でおっしゃっているのでしょうか？
そのとおり、じじつ想起[49]なのだと、あなたはわたしに教えてくれますか？
ソクラテス　先ほどもわたしはきみが抜け目のない男だと言ったのだが、いまもきみ
は、わたしがきみに「教えることが」できるかのように尋ねている。きみに引っか
けられて、わたしがすぐに自己矛盾的なことを言ってしまうのがあからさまになる 82A
ようにね。じつはわたしのほうでは、それは「教育」ではなくて「想起」だと言っ
ているのだ。
メノン　いいえいいえ、神に誓って、けっしてそんなことを目当てに言ったのではありま
せん、ソクラテス。ただたんにいつも慣れ親しんだ言いかたに従って、そのように
言ってしまっただけのことです。
それでも、もしあなたがわたしに、あなたの言うとおりであると示すことができ
るのでしたら、どうか示してください。
ソクラテス　ふむ。まあ、示すといっても簡単なことではないのだが、他ならぬきみ
のためということで、そうするよう努めてみよう。
そこにきみの召使いがたくさんいるが、そのなかでよいと思うだれかひとりを、 B

わたしの相手としてこちらに呼びなさい。その人間を実例にして、きみに示すことにするから。

メノン　はい、わかりました。そこのきみ、ここに来なさい。

ソクラテス　この子はギリシャ人で、ギリシャ語を話すのだね？

メノン　ええ、その点は大丈夫です。わたしの家で生まれた者ですので。

ソクラテス　それでは、きみにはこの子がどちらをしていると思えるか、よくよく注意してくれたまえ。かれは想起するのか、それともわたしから学ぶのかをね。

メノン　はい、よく注意するようにします。

*

48　話の流れでソクラテスは想起説を、探究のパラドクスの論法を拒絶し徳《アレテー》の探究に戻るための手段のように言う。ただし対話者ソクラテスはこの説が真であると信じているとも断言しており、プラトンも、この後『パイドン』（72E–76D）と『パイドロス』（246A–257B）の二箇所で繰り返し想起説を述べる。

49　80B。

「ソクラテスはメノンの召使いの少年に幾何学の問題を解かせる対話を試みる」 (82)

ソクラテス では、きみ、答えなさい。正方形とはこんな図形[50]「ＡＢＣＤ」であることはわかるね？

少年 はい。

ソクラテス そうすると正方形に四つあるこれらの辺は、すべて等しい。 C

少年 はい、そうです。

ソクラテス また、真ん中を通るこの二本の線「ＥＦ、ＧＨ」も、等しいね？

少年 ええ。

ソクラテス こうした正方形には、もっと大きいのも、もっと小さいのもあるね？

少年 はい、たしかに。

ソクラテス では、この辺「ＡＢ」が二フィートの長さで、この辺「ＢＣ」も二フィートなら、正方形全体は何平方フィートだろうか？

こう考えなさい。かりに、この辺「ＡＢ」は二フィートだがこの辺「ＢＣ」が「ＢＦの」一フィートだったなら、その図形「ＡＢＦＥ」は、二フィートを一倍した面積であることになるはずではないかね？

少年　はい。

ソクラテス　しかし実際には、この辺［ＢＣ］も二フィートなので、図形の面積は、二フィートを二倍したものになるのではないか？ D

少年　ええ、そうなります。

ソクラテス　したがって面積は、二かける二平方フィートになる。

少年　はい。

ソクラテス　では、二かける二平方フィートは何平方フィートかな？　計算して言いなさい。

少年　四平方フィートです、ソクラテス。

ソクラテス　さて、それではこの正方形の二倍の面積の、これと同様に辺すべてが等しいような別の図形を、つくることができるだろうか？

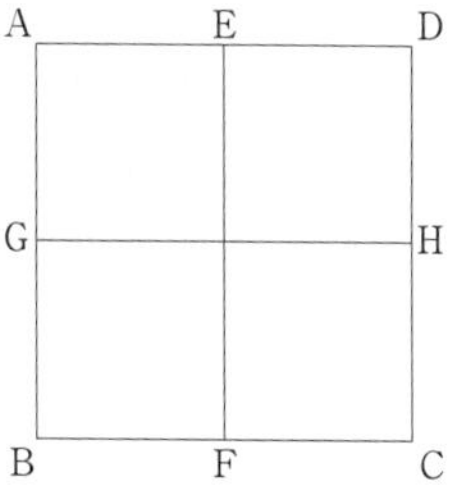

50　ソクラテスは砂に棒で線を引いて示しながら、少年に図形や辺や長さや面積を質問してゆく。

(82) **少年**　ええ、つくれます。

ソクラテス　それは何平方フィートの面積の図形になるかな？

少年　八平方フィートです。

ソクラテス　では、先に進もう。

E　この新しい図形の辺はそれぞれ、どれだけの長さになるか、わたしに答えなさい。この最初の正方形［ＡＢＣＤ］の一辺は二フィートだった。その二倍の面積の図形の一辺は、何フィートだろう？

少年　それはもう、明らかです、ソクラテス。さっきの辺の二倍です。

＊

ソクラテス　ほらね、メノン、わたしがこの少年に何も教えないで、何もかもただ質問しているだけだということは、わかるだろう？　そして、いま少年は、八平方フィートの正方形をつくる一辺がどれだけの長さか、知っていると思っている。

それとも、きみにはそう思えないだろうか？

メノン　ええ、わたしにはそう思えますね。

ソクラテス　それでこの少年は、一辺の長さを知っているのかね？
メノン　いいえ、もちろん知りませんよ。
ソクラテス　それなのにかれは、二倍の辺でできると知っている、そう思っているのだね？
メノン　ええ。
ソクラテス　それではこの少年は、想起すべきとおりの順番で、次から次に想起してゆくから、[51]それをよく見守りなさい。
ソクラテス　では、きみがわたしに答えるのだ。
二倍の辺からなる図形こそ二倍の面積である、ときみは言う。わたしが答えてもらっているのは、こちらの辺は長く、こちらの辺は短い、こんな図形ではないよ。

51　想起に「しかるべき順番」があるということは、「事物の自然本性はすべて同族」（81C–D）であることとの重要な兆候とみなされている。個別の内容はたんに個別のものとしてあるのでなく、順番・秩序に従って編成される。数学はこのような順番が明確に分かる一分野。

83A

もとのこの図形［ABCD］のようにどの辺も等しいが、もとのものの二倍の面積の図形、つまり八平方フィートの面積の図形のことなのだよ。
それで、まだ二倍の辺からこれがつくれるときみに思えるかな？　考えなさい。

少年　ええ、そう思えますが。

ソクラテス　そうか。それならこうしよう。もしもおなじ長さの別の線［BJ］をこの辺［AB］の先にくっつけたなら、この線［AJ］は、前の辺［AB］の、二倍の長さになるね？

少年　はい、そのとおりです。

ソクラテス　したがって、この線［AJ］の長さの線四つを作図すれば、引かれたこの線を一辺として八平方フィートの面積の図形ができあがる、ときみは主張していることになる。

少年　はい。

ソクラテス　それではこの線［AJ］をもとに、等しい四本の線［AJ、JK、KL、LA］を描いてみよう。この図形［AJKL］が、きみが八平方フィートの面積であると主張する図形なのだね？

少年　ええ、そのとおりです。

ソクラテス　この図形［ＡＪＫＬ］には、もとの四平方フィートの図形［ＡＢＣＤ］にそれぞれが等しい正方形が、四つ含まれているね？

少年　はい。

ソクラテス　それでは、新しい図形［ＡＪＫＬ］の面積は、何平方フィートになるだろう？

前の図形の面積の、四倍になるのではないかね？

少年　はい、たしかに。

ソクラテス　もとの面積の四倍は、「二倍」かな？

少年　いいえ、けっしてそんなことはありません。

ソクラテス　そうでなくて、何倍になる？

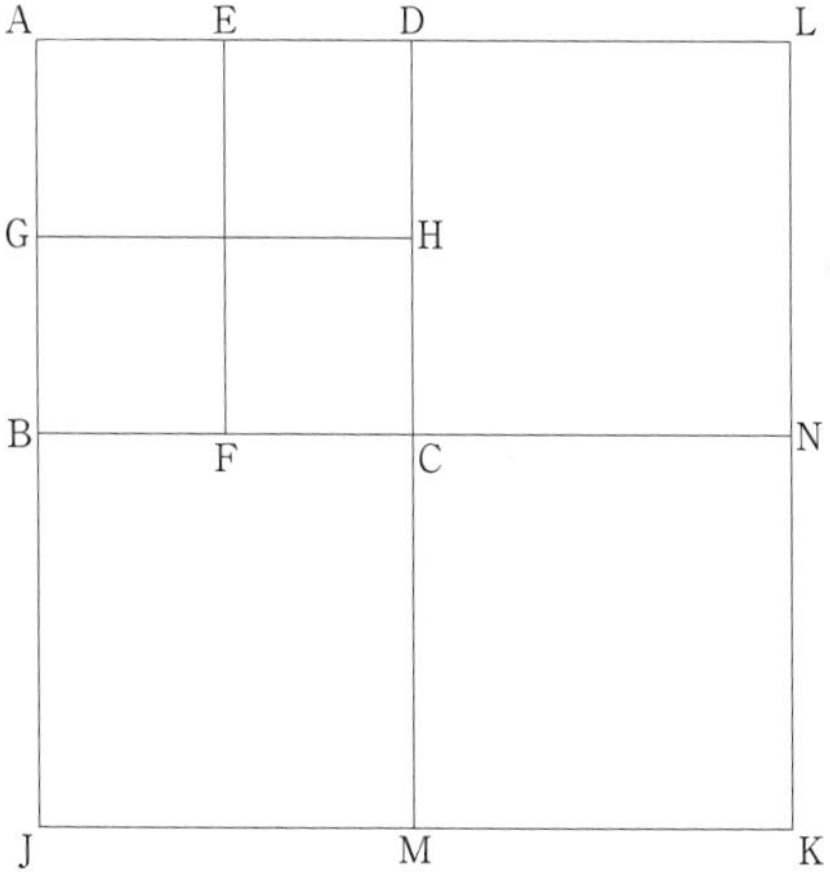

少年　四倍です。

ソクラテス　したがって、きみ、［もとの線の］二倍の長さの線を一辺とする図形は二倍の面積でなく、四倍の面積になる。

少年　そのとおりです。

ソクラテス　つまり四の四倍で十六になっているから。そうだね？

少年　はい。

ソクラテス　では八平方フィートの面積になるのは、どのような長さの辺からだろう？　この二倍の辺［ＡＪ］からは、四倍の面積の図形［ＡＪＫＬ］になってしまうのではないか？

少年　ええ、わたしはそう答えます。

ソクラテス　そしてそれの四分の一の図形［ＡＢＣＤ］の一辺は、この半分の辺［ＡＢ］である。

少年　はい。

ソクラテス　──ええと、八平方フィートの面積というのは、この図形［ＡＢＣＤ］の二倍で、こちらの図形［ＡＪＫＬ］の半分のことだね？

少年　はい、そうです。

ソクラテス　つまり、この長さ［AB］よりは長い一辺の正方形だが、この長さ［AJ］よりは短い一辺の正方形である。そうじゃないか？

D **少年**　はい、わたしはそうだと思います。

ソクラテス　そう、それでいい。きみに思えるとおりのことを答えなさい。では答えてくれ。この辺［AB］は二フィートで、こちらの辺［AJ］は四フィートだね？

少年　ええ。

ソクラテス　したがって八平方フィートの正方形の一辺は、二フィートのこの辺よりは長く、四フィートのこの辺よりは短いのでなければならない。

少年　ええ、そうでなければなりません。

E **ソクラテス**　ではそのような一辺はどれだけの長さであるときみは言うか、答えなさい。

少年　三フィートです。

ソクラテス　三フィートとしてみると、この辺［AB］の半分［BO］をこの辺［A

Ｂ］にくっつけてみれば、その三フィート［ＡＯ］になるだろうね。ここ［ＡＢ］は二フィート、こちら［ＢＯ］は一フィートなので。この辺［ＡＤ］の方向でも同様に、ここ［ＡＤ］は二フィート、ここ［ＤＱ］は一フィートになる。

　こうしてこの図形［ＡＯＰＱ］が、きみが［図形ＡＢＣＤの］二倍であると主張する正方形ということになる。

少年　はい、そうです。

ソクラテス　それでは、この辺［ＡＯ］の方向で三フィート、この辺［ＡＱ］の方向で三フィートなら、この図形全体は、三の三倍の平方フィートの面積になるだろうか？

少年　ええ、そう思えます。

ソクラテス　三かける三で、何平方フィートだろう？

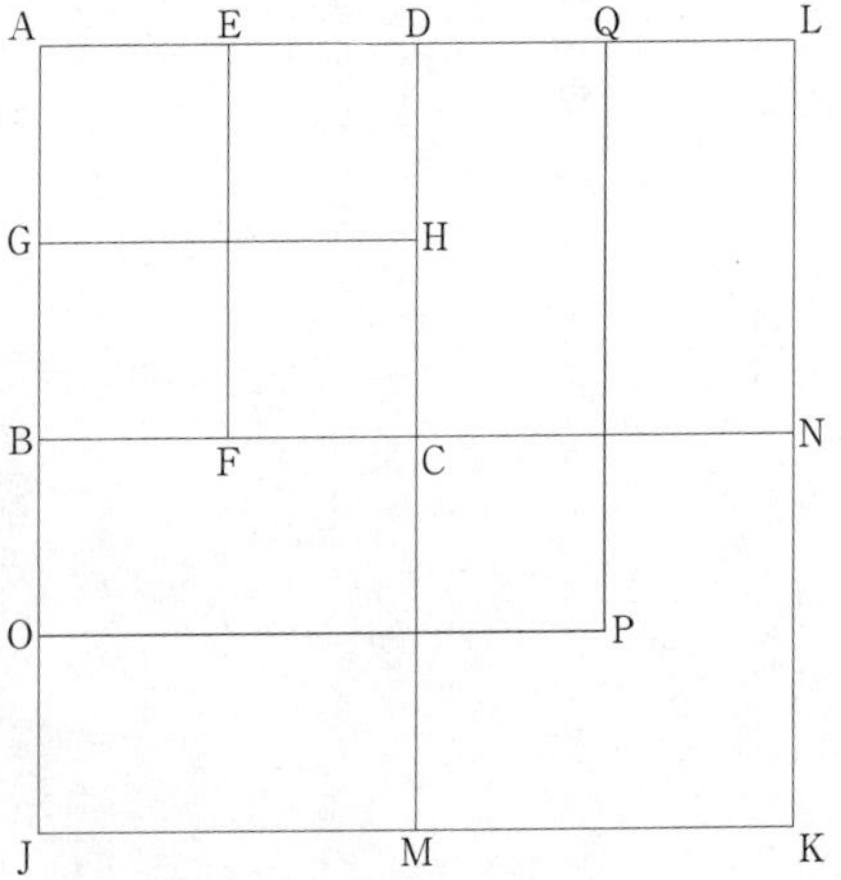

少年　九平方フィートです。

ソクラテス　しかし［図形ABCDの］二倍の面積の正方形は、何平方フィートでなければならなかったのかな？

少年　八平方フィートです。

ソクラテス　したがって三フィートの一辺からも、まだ八平方フィートの正方形をつくれていないのだ。

少年　はい、そうですね。

ソクラテス　では、いったい何フィートの辺からつくれるのだろう？　われわれに何とか正確な長さを答えなさい。もしきみが辺の長さを計算したくないとしても、どのような線なのか、さして示してみせてくれるだけでもいいよ。

少年　でも、神に誓って、ソクラテス、わたしはそれを知りません！

＊

ソクラテス　今回もきみは、メノン、この子が歩みを進めながら、想起することでどのような段階にまで至っているかということに、気づいているだろうか？

最初かれは、八平方フィートの正方形の一辺がどういう線なのか、知らなかった。そのことをかれはいまも同様にまだ知らないけれども、何といってもあのときには、それを知っていると思っていた。そしてまるで自分が知っているかのように自信たっぷりに答えて、難問に悩むなどと考えもしなかったのだ。しかしいまは、かれは自分が難問に陥っていると考えており、自分が知らないという事実そのままに知っていると思いもしていないのだ。

メノン　おっしゃるとおりです。

ソクラテス　したがってこの少年は、自分が知らなかったことがらについて、いまは以前よりもよりすぐれた状態にあるのではないだろうか？

メノン　その点も、そのとおりだとわたしは思います。

ソクラテス　それでは、われわれはかれを「難問で悩ませ」、シビレエイが痺れさせるようにして「痺れさせた」わけだが、それでわれわれがこの子に何か害を与えたわけでもないのだろうね？

メノン　ええ、そんなことはないとわたしは思います。

ソクラテス　そうとも。じっさい、ことの真相がどうなのかについて、かれが自力で

B

見いだすことができるように、本人のためになることをわれわれはしてあげたらしいのだからね。なぜならいまは、かれは自分が知らないので、喜んでほんとうに探究するつもりになるだろうから。少し前には二倍の面積の正方形について、それは二倍の長さの辺からなるのでなければならないと、多くの人々に向かって何度も言って、それで自分がうまく話したかのようについ、いい気で思いこんだのだとしてもね。[52]

C

メノン　そのようですね。

ソクラテス　それではきみは、この子が難問に陥って、自分は知らないと分かり、ぜひ知りたいと思ったときよりももっと前の時点で、知らないのに知っていると思ったことがらを探究したり、学んだりしてみようと考えることができたと思えるだろうか？

メノン　いいえ、そうは思えません、ソクラテス。

ソクラテス　そうするとかれは、痺れさせられることで、自分のためになったのだ。

52　シビレエイとしてのソクラテスに対してメノンが投げかけた苦情（80B）へのからかい。

メノン　はい、わたしはそう思いますよ。 (84)

ソクラテス　それでは、わたしのほうではかれに問うのみで教えないのに、わたしと
ともに探究するとき、かれは難問で困惑しているなかからいったい何を発見してゆ
くのか、考えてほしい。そしてわたしが、この少年の考えを問うのではなく、どこ
かでかれに教え示してしまっているのを見いだせるかどうか、気をつけて見張って D
いてほしい。

ソクラテス　では、わたしに答えなさい。これ「ＡＢＣＤ」がもとの四平方フィートの正方形だね？　わかるかな？

少年　はい、わかります。

ソクラテス　等しい面積のひとつの図形「ＤＣＮＬ」を、別にこれにつけ加えることができるね？

少年　ええ。

ソクラテス　さらに、この二つともに等しい第三の図形「ＢＪＭＣ」もくっつけることができるね？

少年　はい。

ソクラテス　すると角のあいているここの場所に、この図形［ＣＭＫＮ］を最後に埋めることができるね？

少年　ええ、そのとおりです。

ソクラテス　これで、面積が等しい四つの図形が得られたね？

少年　はい。

ソクラテス　どうだろう？　この正方形全体［ＡＪＫＬ］は、もとの正方形［ＡＢＣＤ］の何倍の面積だろう？

少年　四倍です。

ソクラテス　しかし、われわれはもとの正方形の二倍の面積の正方形をつくらなければならなかった。あるいは、きみはもうそのことを、覚えていないかな？

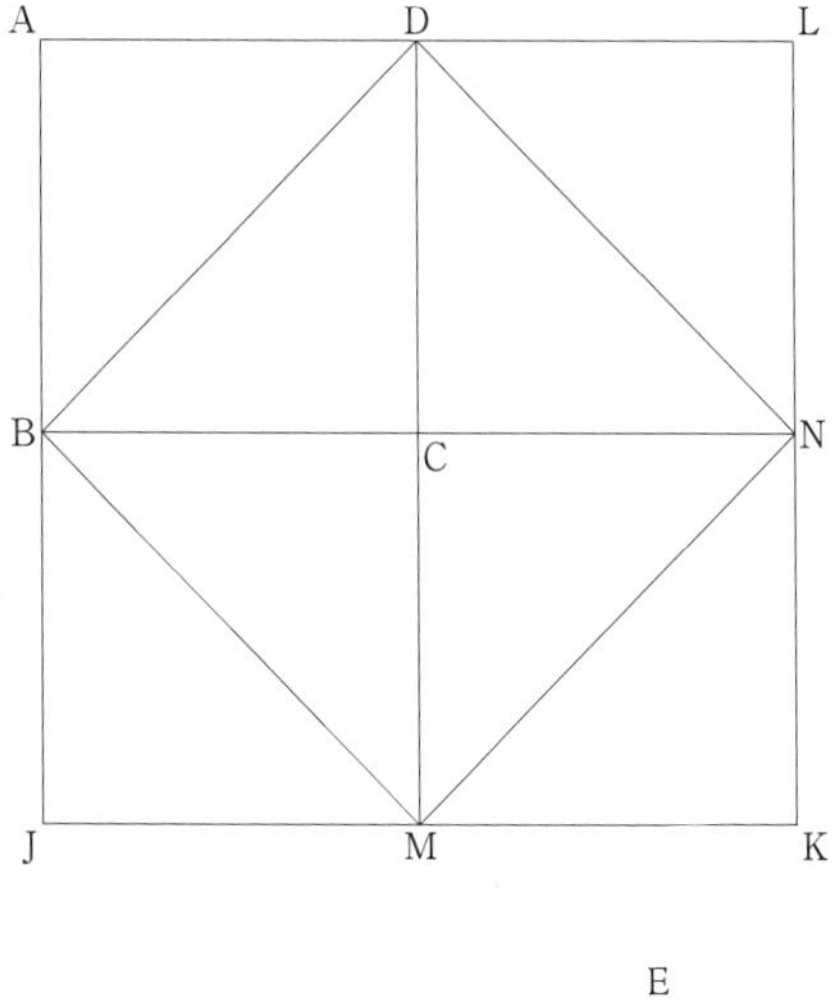

少年　いいえ、はっきり覚えていますとも。

ソクラテス　さて、角［B］から角［D］に向かって、図形［ABCD］をそれぞれ二等分するようなこの線分［BD］があるね？

少年　ええ、あります。

ソクラテス　すると四本の等しい線［BD、DN、NM、MB］があり、これらの線がこの図形［BDNM］を囲む四辺になるね？

少年　ええ、そうなります。

ソクラテス　では、考えてごらん。この正方形［BDNM］の面積はどれだけだろうか？

少年　わかりません。

ソクラテス　四つの図形［ABCD、DCNL、CMKN、BJMC］があり、四本の線のそれぞれは図形ひとつひとつを、内側で二等分しているのではないかな？　そうだね？

少年　はい、そのとおりです。

ソクラテス　この大きな図形［正方形BDNM］の中に、この［内側で二等分した］面積の図形［三角形ＢＣＤ］はいくつあるかな？
少年　四つあります。
ソクラテス　もとの図形［正方形ＡＢＣＤ］には、その三角形は、いくつあるかね？
少年　二つです。
ソクラテス　四は二の何倍かな？
少年　二倍です。
ソクラテス　そうすると、これ［正方形ＢＤＮＭ］は何平方フィートになるだろう？
少年　八平方フィートです。
ソクラテス　どんな長さの辺の図形だろうか？
少年　この長さの線［ＢＤ］の図形です。
ソクラテス　四平方フィートの面積の図形の、角から［その向かいの］角への線を一辺とする、図形だね？
少年　はい。
ソクラテス　このような線のことを、学識のある専門の人は「対角線」と呼んでいる。したがって、きみ、この線の名がその対角線であるとすれば、メノンの召使いのき

みがいう答は、(85)

「二倍の面積の正方形は、対角線を一辺としてつくることができる」

というものになるのさ。

少年　はい、まったくそのとおりです、ソクラテス。

＊

ソクラテス　きみにはどう思えるだろうか、メノン？　この子は自分自身のものではないような考えを、[53]何かひとつでも答えただろうか？

メノン　いいえ、かれが答えたのは、自分の考えでした。C

ソクラテス　しかし、ほんの少し前にわれわれが言ったように、かれはそのことを、もともと知らなかったのだ。

メノン　おっしゃるとおりです。

ソクラテス　それでもこれらの考えは、かれの内部に存在していた。そうじゃないかね？

メノン　はい、そうです。
ソクラテス　したがって、たとえどんなものについて知らないにせよ、ものを知らない人の中には、その人が知らないその当のことがらに関する、正しい考えが内在しているのである。そうだね？
メノン　そう思えますね。
ソクラテス　そしていまのところは、これらの考えはこの少年の中で、ようやくよびさまされただけであり、いわばまだ、夢のようなものにすぎない。だが、もしもだれかがこの子に、おなじこれらの主題で今後何回もいろいろなやりかたで質問してゆくなら、きっとしまいにはかれも、この主題に関して、だれにも劣らないくらい精確に知ることになるだろう。これは、たしかなことなのだ。
メノン　ええ、そうでしょう。
ソクラテス　そうすると、だれかがかれに教えたのではなく、ただ質問しただけで、

D

53　「考え」と訳したのは「ドクサ（doxa）」。「思いなし」「思わく」「判断」「推測」「憶測」のようにも訳される。正しい真の考えでも、確たる根拠に基づくような信頼性は十分でない。

かれは自分で自分の中から知識を再び獲得することになり、そして知るようになるのではないだろうか？

メノン　はい、そうです。

ソクラテス　そして自分が自分の中で知識を再獲得するということは、「想起すること」ではないかね？

メノン　はい、そのとおりです。

ソクラテス　それでは、この少年がいま現にもっている知識を、かれはかつてあるときに獲得したのか、それともつねに持ち続けていたかの、いずれかではないだろうか？

メノン　はい。

ソクラテス　そして、もしもつねに持ち続けてきたのなら、かれはつねに知者であったことになる。またそのいっぽうで、もしもかれがそれをいつかあるときに獲得したとしても、今のこの生の間に獲得したということはあり得ないのだ。

それとも、だれかがこの子に幾何学の勉強を教えたのだろうか？　なぜならこの子は、幾何学のどの問題に関してもおなじようにするだろうし、他のあらゆる学問

(85)

E

分野に関しても、おなじだろうから。
それでは、これらいっさいぜんぶをこの子に教えた人がいるのかね？　きみはこのことを、きっと知っていて当然だ。なんといってもこの少年は、きみのお屋敷で生まれ育ったというのだから。

メノン　いいえ、このわたしは、だれもいちどもかれに教えたことがないのをよく知っています。

ソクラテス　それなのにこの子は現に、［先ほどのような］いろいろの考えをもっている。そうじゃないかね？

メノン　ええ、ソクラテス、そうにちがいないように思えますね。

ソクラテス　そして、もしもかれが、今のこの生の間にそれらの考えを獲得してそうなっているのではないのなら、今の人生でないいつか別の時に、もう考えをもっていたのであり、学んでいたのだ。このことは、すでに明らかではないかね？

メノン　ええ、そう思えます。

ソクラテス　ではその「時」とは、かれが人間ではなかった時代[54]のことではないか？

メノン　はい、そうです。

86A

(86) ソクラテス　したがって人間である時にも、人間ではない時にも、この少年には正しい考えが内在しており、それが質問によりよびさまされて知識になると考えるべきであるとすれば、かれの魂はつねにどんな時にも、すでに学んでしまっていたということになるのではないかね？　なぜならかれはどの時点でも、人間であるかないか、そのどちらかであることは明らかだから。

メノン　そのように思えますね。

B ソクラテス　もしも存在するもろもろのものの真理が、われわれの魂のうちにつねにあるなら、魂は不死であろう。

したがって、たまたま今きみが「知らない」ものがあれば——これは、想い出していないということだが——きみはそれを勇をふるって探究し、想起しようとしなければならない。

メノン　あなたはすぐれた話をされたように思えます、ソクラテス。どうしてそう思えるのかはわたしにはわかりませんが。

ソクラテス　ああ、それはそうだろう。だって、わたしだってどうしてそう思えるか自分で知らないまま、すぐれた説だと思っているのだからね、メノン。他のいろいろのことでは、この説について確信を持って主張しようと、わたしは思わないのだよ。
だがわれわれは、自分が知らないことを発見することはできないし、そのようなものを探究すべきでもないというふうに考えるよりも、人は自分が知らないことを探究すべきであると考えるほうが、よりすぐれた者であり得るし、より勇敢であり、より怠けない者であり得るのだということ——この点については、わたしは自分に C
できるかぎり、ことばで大いに主張するつもりだし、実際の行動でも十分に示していこうと思うのだ。

メノン　その点もあなたが語ったのは正しいことのように、わたしには思えます、ソクラテス。

54　81B–C の詩は、人間が「半神」になるかどうかは、もともとの神聖な生まれと悪行によって没落するかどうか、および素質と努力に関係することであるという主題を語っていた。

第三章　仮説の方法による徳《アレテー》の探究

ソクラテス　それでは、人は自分が知らないものについて探究すべきである、という点について意見が一致したので、さあ、どうか、徳《アレテー》とはいったい何か、ともに探究に着手しよう。

メノン　はい、ぜひともそうしましょう。
けれども、ソクラテス、初めにあなたに質問したとおりに、わたしとしては徳《アレテー》
が教えられるものとして徳《アレテー》そのものを手がけるべきなのか、それとも徳《アレテー》は生ま
れつき人間に備わっているのか、あるいはまた、他のどのようなしかたで、いつか D
或る時人間に備わるものなのかというあの問題こそ、自分でも第一に考えてみたい
し、あなたからも何にもまして伺いたいと思うのです。

ソクラテス　そうだな。わたしが、メノン、自分自身だけでなくきみをも支配していたのなら、われわれは、「徳《アレテー》がそのものとして何であるか」を探究するより前に、徳《アレテー》が教えられるのかそれとも教えられないのかについて考えることを、しなかったことだろう。

しかしきみは、自分が「自由」であるために、きみ自身を支配しようとさえしていないのだ。それで、そうしておきながらきみはわたしを支配しようとして、現に支配してしまっている。そんなわけで、わたしはきみに譲歩することにしよう。だってこれ以外に、どうしようもないのだから。

そうすると、何であるかをわれわれがまだ知らないものに関して、それがどのようなものか、考察しなければならないらしいね。それはまあよいとしても、とにかくきみのわたしに対するきわめて強力な支配力を、少しだけでいいから緩めてほしい。そして徳《アレテー》そのものが教えられるか、それともそうでないのかどうか、「仮説」を立てて考察することを、[55]わたしにゆるしてもらいたいのだ。

仮説を立ててというのは、幾何学者がしばしば考察に使用するような方法のことだ。或る図形について、「この図形を、この円の中に［等しい面積の］三角形として

E

内接[56]させることは可能なのか？」と幾何学者が質問をされたとしよう。この場合幾何学者のなかには、こう答える人がいるだろう。

「この図形が、そのような条件を満たすかどうか、ぼくはまだ知らない。しかし或る種の仮説[57]がこの問題にとっては、有用であると思う。

すなわち、もしもこの図形［多角形Xと等しい面積をもつもの］が、その図形［右側の円］の与えられた線［線分BH］に接して置かれたとき、置かれた図形そのもの［長方形ABCD］と相似の図形［長方形CHGD］分不足するという定まった条件を満たすならば、或る定まっ

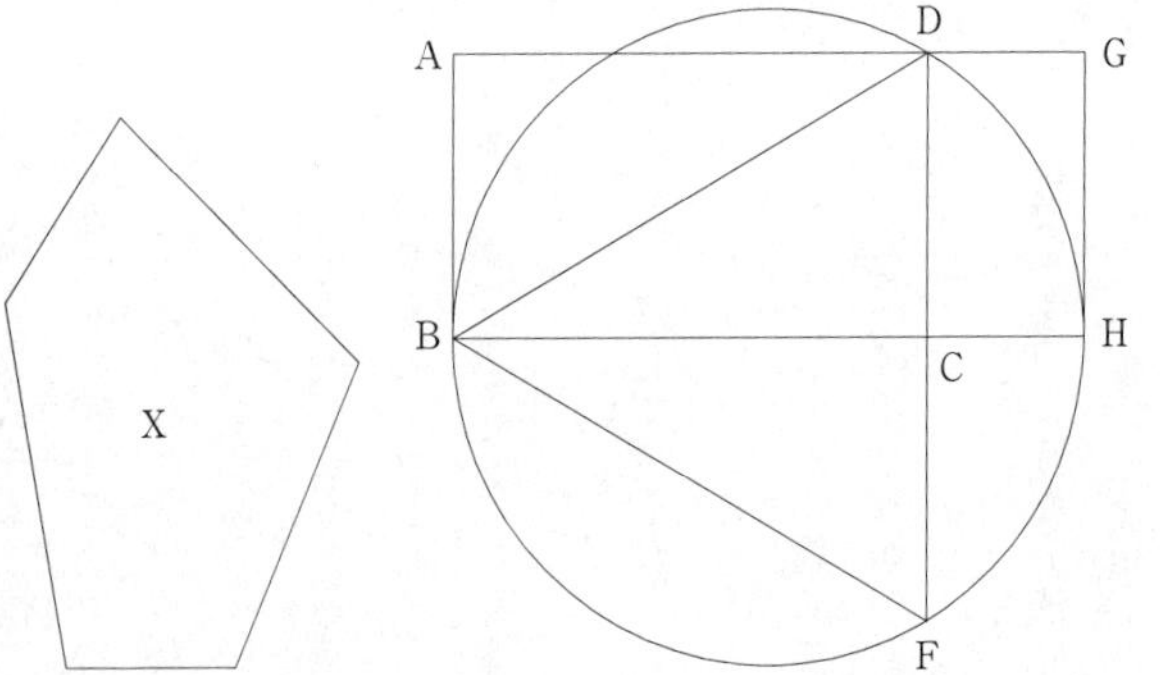

87A

た帰結［三角形ＢＤＦとして内接可能という帰結］が生じるように思われる。いっぽう、もしも逆にそのような条件を満たすことが不可能ならば、これとは別の定まった帰結［同様の内接は不可能という帰結］が生じるように思われる。ゆえにぼくとしては、この図形の円への内接が可能か否かに関する帰結を、仮説を立てることによってきみに答えようと思うのだ」

＊

55　プラトンは『メノン』以後も、仮説（hypothesis）の方法を論じている。『パイドン』（99D–102A）、『国家』第六巻（509C–511E）およびエレアのゼノンの方法を述べる『パルメニデス』（135C 以下）。

56　三角形の円への「内接」とは、三角形の三つの頂点がいずれも円周上にあることをいう。

57　この仮説がどのような内容か、はっきりしない。解釈も非常に多く、ひとつに収束することは困難である。以下の訳と括弧内の解説は、Cook Wilson や Heath や Scott が採用するひとつの派の有力解釈に基づく説明。本文の図は D. Scott, *Plato's Meno*, Cambridge 2006, p.135 による。

B

ソクラテス　おなじようにわれわれは、「徳《アレテー》が何であるか」も「徳《アレテー》がどのようなものであるか」も知らないので、仮説を立て、徳《アレテー》は教えられるか教えられないかについて、次のように言って考えてみよう。[58]

徳《アレテー》が魂に属するさまざまなもののうち、どのような性質のものであれば、教えられることになるだろうか、あるいは、教えられないことになるのだろうか？

まずはじめに、もし徳《アレテー》が、いわゆる「知識」のごときものとは異なる性質なら、徳《アレテー》は教えられるだろうか、それともむしろ、教えられないのではないか？　あるいは、先ほどわれわれが言った言い方で、「想起」されるようなものではないだろうか？　ただ、われわれにとって「教えられる」と「想起される」のどちらの言い方を使おうが、ちがいはないので、「徳《アレテー》は教えられるのか？」のように問うことにしよう。

それとも、人間が教わるものは知識以外にないということなら、問うまでもなく、それは万人に明らかなことなのだろうか？[59]

メノン　ええ、わたしには明らかなことのように思えますね。

ソクラテス　そして、もしも徳《アレテー》が或る種の知識であるなら、それは明らかに、教え

C

(87)

られるものだろう。

メノン　はい、もちろんです。

ソクラテス　したがってわれわれは、もしこうであれば教えることができ、もしこうであれば教えられないという点については、早くも片付けてしまったのだね。

メノン　はい、そのとおりです。

＊

ソクラテス　それでは、これらの次に、徳《アレテー》は知識なのか、それとも知識とは異なる性質のものかということを検討しなければならない、そう思えるね。

メノン　ええ、わたしにも、その点を次に考察すべきであるように思えます。

D

58　以下の「仮説」を立てることの利点は、知識という、徳《アレテー》の問題と思われることからはいっけん遠い分野の話をすることにより、徳《アレテー》に対し意外な近道から接近できるということである。

59　ここの仮説の表現としてふたつの解釈がある。A「徳《アレテー》は知識である」と直接的主張として表現する。B「もし徳《アレテー》が知識であるなら、徳《アレテー》は教えられる」と条件文で表現する。

(87) ソクラテス　では、どうだろうか？　徳《アレテー》はそのものとしてよいものであるとわれわれは言うだろうか。そして「徳《アレテー》そのものは、よいものである」というこの仮説[60]は、われわれにとってそのまま確かなものであるだろうか？

メノン　はい、そうです。

ソクラテス　それでは、もしも知識と切り離された別のものであってもそれがなお「よいもの」であるとすれば、徳《アレテー》が或る種の知識である、ということにはならないかもしれない[61]。

いっぽう、もしも知識に含まれないようなよいものが何もないとすれば、徳《アレテー》そのものは或る種の知識であるというわれわれの推測は、正しいことになる。

メノン　はい、そのとおりです。

E ソクラテス　そして、われわれが優れた者であるのは、徳《アレテー》によるのだね。

メノン　はい。

ソクラテス　また、もしわれわれが優れた者ならば、われわれは有益である。なぜなら、すべての優れたものは有益であるから。そうじゃないかね？

メノン　はい。

ソクラテス　したがって、徳《アレテー》もまた有益なものだね？

メノン　ここまでに同意したことからは、そうならざるを得ません。

ソクラテス　そこで、われわれにとって「有益なもの」とはどのような性質のものなのか、ひとつずつ取り上げて考えてみよう。われわれは、健康、強さ、美、それに何といっても富のようなものを、有益だと言っている。これらのものとこのたぐい

60　この仮説はここまでの仮説と異なる。前の注に形を対応させると、A'「徳《アレテー》はよいものである」ないしB'「もし徳《アレテー》がよいものであれば、徳《アレテー》は知識である」。いずれでも「徳《アレテー》とは何か」の答に近い仮説を探していく対話になる。ソクラテスはメノンの美貌に負けていいなりになったと言うが（86D–E）、じつは「仮説の方法」により、「徳《アレテー》は教えられるか」の検討をしながら「徳《アレテー》とは何か」の答を或る程度推測できる。

61　知識の何にもまさる重要性を、「よさ」を生むものという観点から主張しようとする。この主張において、以下では、「よいもの」を大きく二種類に分けている。

（1）「よい」とされる財産も地位も体の強さも、それに関わる人の知識・理解に基づく正しい使用がなければ、「宝の持ち腐れ」でしかない。

（2）心の「よさ」である勇気や節度や正義は、それがものごとや行為や状況ぜんぶの冷静な理解を含む心の力といえなければ、「よいもの」である「徳《アレテー》」にならない。

のものが有益であると、われわれは言っているのだ。そうだね？

メノン　ええ。

ソクラテス　しかし、おなじこれらの［有益な］ものが場合によっては有害になることもあると、われわれは言っている。それともきみはちがった主張をするだろうか？

メノン　いいえ、わたしはそのように言っています。

ソクラテス　それでは有益なもののそれぞれについて、何に導かれるならそれがわれわれのためになり、何に導かれるとき、そのおなじものが有害になってしまうのだろう？――正しい使用に導かれるときにはためになるが、そうでないときには、有害になってしまうのではないだろうか？

メノン　はい、そのとおりです。

＊

ソクラテス　ではさらに、魂に属することがらも考えてみよう。きみは、節度、正義、勇気、ものわかりの良さ、記憶力、堂々たる度量、それからこのたぐいのものはす

88A

べて、存在すると言うね？

メノン ええ。

ソクラテス それでは、この点を考えてみなさい。

これらが、時によりためになることもあるが、有害であることもある、という場合もあるだろう。しかしそうでない「つねにためになる」場合、これらのうちで、何か、知識[62]ではなく知識とは別であるようにきみに思えるものが、あるだろうか？

たとえば勇気だが、もし勇気が知[63]でなく或る種の「元気」のごときものであるとするとどうだろう。人が知性[64]なしにただ単に元気を出すという場合には、害をこうむるが、知性を伴って元気を出す場合には、ためになり有益なのではないかね？

B

62 「知識」と訳したのは「エピステーメー（epistēmē）」。「学問」というニュアンスもある。

63 「知」と訳したのは「フロネーシス（phronēsis）」。思慮深さというニュアンスを含む。プラトンの作品で、徳《アレテー》が知であるという主張のために好んで使われるのは、この「知・フロネーシス」。「知識・エピステーメー」の学問というニュアンスは、「フロネーシス」にはない。

64 「ヌース（nous）」。「理性」とも訳される。「思考する noein」に対応する名詞。「知識」「知」と重なるが、ヌースは知的思考の機能を示す。

メノン　はい、そうです。 (88)

ソクラテス　節度にしてもものわかりの良さにしても、これと同様であろう。知性を伴って学ばれしつけられるならば有益だが、知性を欠いたなら有害である。

メノン　ええ、まったくそのとおりです。

ソクラテス　そうすると、ひとまとめに言えば、魂が積極的に試みるどんなことも、あるいは受動的に耐え忍ぶどんなことも、すべて、知が導くなら幸福に行き着くが、無知な愚かさが導くなら、これと逆の不幸に行き着いてしまう。 C

メノン　そのようです。

ソクラテス　したがって、もしも徳《アレテー》が、魂のうちにあるものの何かであり、そのものとして有益でなければならないならば、徳《アレテー》は知でなければならない。なぜなら、魂に属するすべてのことがらは、それ単独では有益でも有害でもなく、知や愚かさがそこに付け加わって初めて、有害にも有益にもなるのだから。ゆえにこうして、 D この議論に従えば、徳《アレテー》が有益なものであるからには、かならず知でなければならない。

メノン　はい、わたしにはそう思えます。

ソクラテス　先ほどわれわれが述べた、富やそのたぐいの、魂に属するのではないよ
うな他のことがらも、時に応じてよいものになったり有害なものになったりもする。
知が知以外の魂を導くなら、この知が、魂に属することがらを有益なものにしたの
だし、愚かさが導けば、愚かさのゆえに魂のことがらは有害なものになった。これ
とおなじく、魂がこれら富などを正しく使用し導くならば、そうしたものは有益な E
ものになるが、正しく使用しなければ、有害なものになってしまうのではないだろ
うか？

メノン　はい、まったくそのとおりです。

ソクラテス　そして、知的な思慮深い魂は正しく導くが、知を欠く浅はかな魂は、
誤った仕方で導いてしまう。

メノン　ええ、そのとおりです。

ソクラテス　したがってこのように考えてくると、ぜんぶのことについて、次のよう
に言うことができるのではないだろうか？　つまり、人間にとって他のすべてのも
のごとは魂に基づいており、そして魂そのものに属することがらがよいものである
ためには、それらは知に基づく、のようにね？ 89A

こうしてけっきょく、この議論によれば、有益なものとは知であることになる。しかもわれわれは、徳《アレテー》は有益なものであると主張しているのだね？

メノン　はい、そのとおりです。

ソクラテス　したがってわれわれは、徳《アレテー》とは知である——徳《アレテー》が知の全体であるにせよ、まだ知の一部にすぎないにせよ——と主張する。

メノン　わたしにはいま言われたことは、ソクラテス、すぐれた主張であると思えます。

ソクラテス　したがって、もし以上のようであるなら、優れた人は、生まれつき優れているのではない、ということになる。

メノン　はい。わたしは、生まれつきでないと思います。

ソクラテス　またこの点では次のようなことも言えるだろう。つまり、もしも優れた人が生まれつきによるのなら、若者のうちで生まれつきの性質が優れている者を見分けてくれる専門家が、われわれの間にきっと存在したにちがいないのだ。そしてこの人たちが優れた若者を見分けて、この者がそうだとさし示してくれたなら、われわれのほうでその若者たちを引き取って、だれかがその若者たちを堕落させない

B

ように、そして相応の成人にまで成長したとき国のために役立つ人になるように、黄金などよりははるかに厳重に封印した上で、アクロポリスに閉じこめて隠したことだろう。

メノン　ええ、それはきっと、そうしただろうと思えますね。

ソクラテス　そうすると、優れた人々が優れた人になるのは生まれつきではないのだから、そうなるのは、学習によるのだね？

メノン　はい、わたしにはその点は必然に思えます。そして、ソクラテス、仮説に基づいて「もし徳《アレテー》が知識なら」、徳《アレテー》が教えられることもまた、明らかです。[65]

＊

ソクラテス　神に誓って、たぶんそうかもしれない。しかし、そこの仮説のところでわれわれが同意したのは、まちがっていたのではないだろうか？

メノン　そうでしょうか。でも先ほどは、そこは問題ないように思えましたが。

65　メノンの「結論」は「教えられる」で、ソクラテスの結論（「学習による」）より強い。

(89)

ソクラテス　いや、主張そのものとして健全で確かであるためには、先ほどの時点でだけ正しいと思えたというのではなく、今の時点でも、またのちの将来の時点でも正しいと思える、というのでないとね。

D

メノン　それはどうしてでしょう？　どういうお考えのもとに、あなたはあの主張そのものに不満を感じ、徳《アレテー》は知識であるという結論に不信の念をいだくのでしょうか？

ソクラテス　説明してあげよう、メノン。まず、かりにもし徳《アレテー》が知識ならそれは教えられるものだという点については、わたしはまちがいかもしれないと言って撤回するようなことはしない。いっぽう徳《アレテー》は知識であるという主張についてだが、じつはそうではないのではないか、そうわたしは疑いを抱いている。きみにも、このわたしの疑いがもっともなことに思えるかどうか考えてほしいのだ。

そこで次のことを答えてほしい。徳《アレテー》だけでの話ではなくて、とにかく何らかのことがらが教えられるものだとすると、そのことがらを教える教師と、それを学ぶ弟子が、かならずいなければならないのではないか？

メノン　ええ、わたしはかならずいるはずだと思います。

ソクラテス　それではその逆に、教える教師もいないし学ぶ弟子もいないようなことがらをいま考えてみると、そうしたことがらは教えられるものではないと、われわれは、おおよそ結論できるのではないかね？

メノン　はい、そのとおりです。でも、徳《アレテー》の教師はいないというふうにあなたには思えるのですか？

ソクラテス　そう、少なくとも、わたしは徳《アレテー》の教師がいるのではないかと何度も何度も探し求めて、あらゆる努力をやってみたが、見つけることができていない、ということまでは言えるね。それでも、数多くの人々に手伝ってもらってこの探究をしてみたのだし、なかでも、このことにもっとも経験豊富であるとわたしが考えた人々からは、とくによく協力してもらったがね……。

おや、いまも、メノン、ちょうどうまい具合にアニュトス[66]がわれわれの隣にすわってくれた。この人といまの探究をいっしょにやっていこう。かれといっしょに

66　後の前三九九年のソクラテス裁判の原告の一人で、原告筆頭の若いメレトスの陰で実質的にソクラテス攻撃を指揮した人物。なお以下の対話は架空のもので、歴史的事実ではない。

やるのが、どうやらよさそうなのだよ。というのも、まず第一にこの人の父はあの 90A
財産家で知恵者のアンテミオンで、このアンテミオンは、偶然によるのでもなく、
また近頃テバイのイスメニアスがポリュクラテスのお金をもらった[67]ように、だれか
からのもらいものというのでもなく、自分の賢明さと配慮によって、財をなしたの
だ。第二にかれは、一般にひとりの市民として思い上がりもなく見栄もはらず嫌味
でもなく、慎みがあり礼儀正しい人間であるという評判だ。さらに、アンテミオン
は、とくにこのアニュトスをよく育てて教育した。そのように、大多数のアテネ市 B
民は思っている。じじつ、人々はもっとも重要な官職にアニュトスを選出している
のだからね。

だから、このアニュトスのような人々にこそわれわれといっしょになってもらって、徳《アレテー》について、徳《アレテー》を教えてくれる教師はいるのかいないのか、いるならだれがそうした教師なのか、探究することがよいのだ。

67　ポリュクラテスはアテネの民主派に属する指導的弁論家で、ソクラテス裁判・処刑後五、六年の前三九三年頃あらわれた、反ソクラテス的な裁判結果を擁護したパンフレット『ソクラテスの告発』の作者。イスメニアスは民主派で反スパルタ派の指導者。親スパルタ派三〇人独裁の難を避けてテバイに逃れたアテネ民主派と連携していた。イスメニアスがポリュクラテスの「お金をもらった」とあるのは、この連携の裏には金銭の取引があったという、当時の風評をほのめかすせりふと思われる。

(90)

第四章　アニュトスとの対話

ソクラテス　さあ、それではあなたに、アニュトス、われわれの探究の手助けをしてほしい。わたしと、あなたのお客様のメノンといっしょに、この徳《アレテー》ということがらに関して、教師になりうるのはどういう人かという問題をね。

この件をこのように考えていこう。もしもかりにわれわれがメノンを優れた医者にしたいのなら、われわれはかれをどんな教師のところに送り込むだろう？ C
医者のところに送るのではないだろうか？

アニュトス　うん、そのとおり。

ソクラテス　また、優れた靴職人にしたいのなら、靴職人のもとに送り込むだろうね？

アニュトス　そう。

ソクラテス　他のいろいろな専門でも、おなじことだね？

アニュトス　そう、そのとおりだ。

ソクラテス　それではもういちどおなじ問題について、今度はこの点を答えてくれないか。

　メノンを医者にしたいとき、かれを医者のもとに送り込むならうまくいくと、われわれは言っている。われわれがこう言うのは、つまりだ、メノンをこの［医者という］人々のもとへ送り込むなら、すなわちその技術に詳しいと自称する人々のもとへ、また自分のもとに学びに来る者たちの教師であるとみずからが宣言した上で、その仕事で報酬を得ている人々のもとへ送り込むなら、そう宣言しない人のところに送るよりは、道理がわかっていることだろうという、そんなつもりで言っているのだろうね？　こうした点を考慮したなら、われわれは適切にかれを送り込むことができるのだろうね？

アニュトス　うん、そうだ。

ソクラテス　笛吹きの技術や他の技術でも、これはおなじことになるだろうね？　だ

D

れか或る人を笛吹きにしようと思うとき、技術を教えてくれる約束をして報酬ももらうという相手のもとにその人を送り込もうとせずに、また教師であるとみずから言ってもいないし、いま問題にしている習いごとの——これを、その人のもとで学ばせたいと思っているのだが——弟子などひとりもいないような人たちのところに送り込んで、かれらにやっかいごとを背負わせるなら、それこそ、たいへんおろかなことだろう。

これはまったく道理に反したことだと、あなたには思えないだろうか？ E (90)

アニュトス　うん、もちろんわたしもそう思うとも。それどころか、そんなのはほんとうに阿呆だな。

ソクラテス　そう、まさにそのとおりだ。

そうすると、やっぱりあなたにはこの客人のメノンに関してわたしの相談にいっしょに乗っていただけるというわけだ。というのもメノンは、アニュトス、先ほどからわたしに対して、人々が家庭と国家を立派に治め自分の親に仕え、優れた人間にまさにふさわしいやりかたで自国とよその国の客の送迎をわきまえておこなうことができる「知恵」と「徳《アレテー》」を求めていると言っているからね。 91A

それではこの徳《アレテー》に関しては、われわれがかれをいったいだれのもとに送り込むのが正しいということになるか、考えてほしい。それとも、いまの議論に従えば、徳《アレテー》を教える教師であることをみずから公言し、学びたいと思うギリシャ人ならだれにでもあまねく教えることが自分たちこそできると宣言して、その報酬を定めた上で請求してくるような人々のもとへ送り込むべきなのは、明らかだろうか？ B

アニュトス　うん？　そう言うのはいったい何者のことだね、ソクラテス？

ソクラテス　人々に「ソフィスト[68]」と呼ばれている者であることは、あなたもご存じではないだろうか？

アニュトス　何てことを言いだすんだ！　口を慎みたまえ、ソクラテス。 C
わたしに縁のある者なら、アテネの町にいる者にせよ外国の者にせよ、親族や友人のだれひとりにも、狂気に取り憑かれてしまって、すすんでソフィストの連中の

68　「知恵（ソフィア）のある専門家」の意味。『プロタゴラス』では、「ソフィスト」を自称することを始めたプロタゴラスに対しソクラテスが問答をおこなう。ソフィスト、とくにプロタゴラスへの当時の人々の反応については、『プロタゴラス』（309C–314C）を参照。

もとに行ったあげく害毒を浴びてしまうといったことにならないよう、願いたいものだ。あの連中こそ、明らかに交際する相手に危害を加え、相手を堕落させる[69]ものにほかならないのだから。 (91)

ソクラテス　それはどういう意味だい、アニュトス？

　そうすると、自分は世のため人のためになることを心得ていると申し立てる人々のうち、ソフィストだけは他の人々とまるでちがっていて、何であれだれであれ、自分に委ねられた人やもののためになることを他の人のようにはしてあげないどころか、逆にその相手を「堕落」までさせてしまうのかね？　その上かれらは、その D
ことの見返りに謝金を公然と要求するというのだろうか？

　わたしにはあなたのことばを信じることが、とうていできないよ。というのもわたしは、たったひとりであのプロタゴラス[70]が、まさにこの知恵によって、あんなにも飛び抜けて美しい作品を彫ったペイディアス[71]と他の一〇人の彫刻家を合わせたよりも、さらに多くの金銭を獲得した[72]ことを知っているからね。古くなった履き物を修繕したり衣服を仕立て直す人間が、その履き物や衣服を受け取ったときよりひどい状態にして返すなら、一ヶ月、つまりわずか三〇日の短い間だって人の目にばれ E

ないということはないだろう。そんなことをしてしまったなら、その人間はすぐに飢え死にしてしまうはずだ。なのにプロタゴラスだけは、かれとつきあう人々を堕落させて、自分の元へ引き受けたときよりひどい状態へと劣化させておきながら、そのことが四〇年以上もの長い間、ギリシャ全土の目にとまらなかったとでもいうのかね！　もしそんなことがあったと言うのなら、それこそ驚くべきことだ。じじ

69　メレトスがアニュトス、リュコンとともに裁判でソクラテスを告発した訴状でも、若者を「堕落させる（diaphtheirein）」という言い方を使った（『ソクラテスの弁明』24B）。

70　トラキア地方の都市アブデラ生まれの最大のソフィスト。前四六九〜前三九九年のソクラテスより二〇歳ほど年長。『プロタゴラス』の主要対話者。

71　古代最大の彫刻家。

72　ディオゲネス・ラエルティオス『哲学者列伝』（9.52）が伝えるところでは、プロタゴラスは授業の報酬を請求した最初の人で、百ムナ（銀約百ポンド相当で、驚くほどの高額）を要求したとされる。これは、『ソクラテスの弁明』（20B）でソクラテスがカリアスから聞いた話に出てくる無名ソフィストのエウエノスが要求した謝金五ムナの、二〇倍にあたる。プラトン『プロタゴラス』（328B–C）では、額を高いとみなせば、聴講者は自分が値すると思う額を納めてよいともプロタゴラスが言ったとされる。

つ、プロタゴラスが最近死んだときあの人は七〇歳近くになっていたが、かれはそれまでソフィストの技術を四〇年間使っていたと思う。そしてこの間ずっと、今日のこの日に至るまでもなお、その名声はいっさい消えるということがないのだ。プロタゴラスだけではないよ。かれ以前に生まれた人も今なお生きている人も、かなりたくさんのソフィストがいる。[73] 92A

それならあなたの話では、これらの人々は自分でそのことを知りながら、故意に若者をだまし、かれらに危害を加えたのだろうか。それとも自分自身でも、自分がそんなことをしているとは気づかずにやってしまったのだろうか？　そうしてわれわれは、かれらこそ人間のうちでもっとも知恵があり賢いと言われることだってあるあの人々が、これほどまでに正気をなくしていると判定したものだろうか？

アニュトス　ソフィストが正気をなくしているだなんて、とんでもない、ソクラテス！　ソフィストに謝金を払う若者のほうがはるかにひどく「正気をなくしている」のだし、若者をソフィストにゆだねる身内の大人たちは、さらにもっと正気を B
なくしている。いや、あらゆるもののうちで断然もっともひどい狂気に陥っているのは、外国の者がそのようなことを企てるのであれ自国の者が企てるのであれ、そうした際にソフィストに入国を許してしまって、[74] 国外に追放しない国々なのだ。

ソクラテス　いったい、アニュトス、ソフィストのだれかが、あなたに何か不正な悪事を働きでもしたのかい？

そうでなければ、なぜあなたはそこまでかれらに腹を立てるのだ？

アニュトス　いや、神に誓って、わたしはあの連中のだれともつきあったことなどないし、わたしに縁のある他のだれにも、かれらとのつきあいを許すようなこともないよ。

ソクラテス　そうすると、あなたはあの人々とはまったく知り合いではないのだね？

アニュトス　そうさ。それに知り合いになど、なりたくもないものだ。

ソクラテス　困った人だな。それならあなたは、自分が未経験で知らないことがらについて、よいものを含んでいるのか、あるいは悪いものを含んでいるのか、どうし

C

73　この『メノン』の対話の設定年代は前四〇二年で、ヒッピアス、プロディコス、ゴルギアスは『ソクラテスの弁明』によれば、三年後の前三九九年のソクラテス裁判時点に存命。

74　ソフィストはふつう町から町へと渡り歩いて教える。したがって「外国の者」が多かった。

(92)

て知ることができるのかね？

アニュトス　そんなの簡単だ。わたしはかれらが何者か、知っているからだよ。およそかれらと知り合いだろうが、そうでなかろうがね。

ソクラテス　おそらくあなたは、予言や占いでもやる人なのだろう、アニュトス。あなた自身が言っていることから考えると、それ以外どういうふうにあなたがあの人々について「知る」ことができるのか、わたしは途方にくれるばかりだ。

D

それはともあれわれわれは、メノンがそこに送り込まれたとき悪人になるような人々はだれか――あなたがお望みなら、それはソフィストであるとしておいてもいいけれど――そんな人を探しているのではない。もともと問題にしていた、そこでなら徳が身につくような人々を、われわれに言ってほしい。そして、あなたの父祖からの友人であるこのメノン[75]に親切にしてあげてほしい。かれがこれだけ大きなアテネの国の中でだれのもとに送り込まれたなら、さっきわたしが解説したような徳《アレテー》[76]の点で語るに足るだけの立派な人物になれるか、かれに示してほしいのだ。

アニュトス　それにしても、あなたのほうではなぜ、メノンにそのような人間を教えてあげなかったのかね？

ソクラテス　いや、教えたさ。

わたしは、自分がそうしたことを教える教師だと思うソフィストの人々の名をあげて、答えたのだ。しかしあなたが言うには、これは意味のない答であるわけだ。そしてあなたが言うことにも、おそらく一理あるのだろう。

今度はあなたの番なので、だれのもとにメノンは向かうべきか、あなたがかれに答えてほしい。この人はと考えるアテネ市民の名を答えてくれ。

アニュトス　しかし、なぜメノンはわたしから、ただひとりの市民の名前だけを聞くべきなのかね？　この上なく立派で優れた[77]アテネ人なら、メノンがだれと出会おうと、どの人も例外なく、その人の言うことを聞こうとしさえすれば、ソフィストな

75　メノンのアテネ訪問は政治的動機に基づくものであったと推測される。両家の結びつきは有力者となったアニュトスの父の代からである。

76　91A。

77　「美しくて立派な（カロス）」と「優れた、よい（アガトス）」を「カイ（and にあたる接続詞）」で結んだ形容句「カロスカーガトス」。「善美の人」のようにも訳される。非の打ち所のない立派な人を褒めるときに使う、ギリシャ語表現。

どよりは、かれを立派な人物にしてくれることだろうさ。

ソクラテス　だが、その「この上なく立派で優れた人々」は、おのずとひとりでにそうした立派な人になったのだろうか？　だれのもとでも学ばなかったのに、自分では学んだわけではないようなことがらを、他の人々に教えることができるのだろうか？

アニュトス　わたしはそういう方々もまた、この上なく立派で優れた先人たちのもとから学んだのだと思う。あるいはあなたには、このわが国には多くの非常に立派な人格者がこれまでに生まれてきたというふうには、思えないかね？

ソクラテス　いや、むろんわたしはそう思うよ、アニュトス。ここアテネには、現時点で政治のことがらに関して優れた人々がいるとわたしは思っているし、現在に劣らず、過去にもそういう人々がいたとも思っている。

しかしそのかれらが、自分自身の徳《アレテー》を教える優れた教師にもなったということは、ないのではないか？　――これが、われわれが議論で主題にしていることなのだ。ここアテネに優れた人がいるかいないかではなく、また、かつてそういう人がいたかどうかでもなくて、徳《アレテー》は教えられるものかどうかということを、先ほどからわれわれは考えているのだ。

また、この問いの考察をするとき、われわれは次のような問い方をしている。——現在の優れた人々にせよかつての優れた人々にせよ、かれらは、自分がもっていてその点で優れていたような徳《アレテー》を他の人に伝えるすべを、知っていたのだろうか。あるいはそうではなく、これは、人間によって「伝えられるもの」ではなく、或る人が「別のだれかから受け継ぐようなもの」でもないのだろうか？　これが、さっきからずっとわたしとメノンが探究している問題なのだ。

＊

ソクラテス　それではこれから、あなたの言うところに基づいて考察しよう。[78]　あなたはテミストクレス[79]が優れた人物であったとは、言わないのだろうか？

C

78　以下の考察はアニュトスによる人物評に基づいておこなわれる。

79　前五二四頃〜前四五九年頃。ペルシャ王クセルクセスが侵略してきた時のアテネの指導者で、勝利に導いた策の考案者。ヘロドトス『歴史』第八巻。

(93) アニュトス　いや、もちろんそう言う。かれこそ万人のなかでもとりわけ優れている、ともね。

ソクラテス　それではあなたは、テミストクレスがもっていた徳《アレテー》を教えることができる教師がだれかいたとしたら、本人こそその徳《アレテー》の優れた教師でもあっただろう、と言うのではないかね？

アニュトス　うん、かれがその気になりさえすれば、立派な教師になったとわたしは思うよ。

ソクラテス　しかしそれなら、あなたはテミストクレスが、他の人々にこの上なく立派で優れた者になってほしいと願わず、とりわけ自分の息子にそうなってほしいと願わなかったなんてことが、考えられるだろうか？　それともテミストクレスは息子に教えることでけちってしまって、自分がその点で優れているような徳《アレテー》を、わざと、伝えなかったと思うのかね？
D
あるいはあなたは、テミストクレスが息子のクレオファントスを、馬術の優れた騎士になるよう教育したという話を聞いていないだろうか？　じじつクレオファントスは馬に直立の姿勢で乗りつづけることができ、馬上でその姿勢のまま槍を放り投げることができた。かれはこの他にも、優れた教師たちに教えてもらう必要があるかぎりでは、父から教育を受けさせてもらい、「才能ある者」にしてもらって、数多くの驚くべき技を披露したものだ。

それとも、あなたはこういった話を年上の人たちから聞いていないかね？

アニュトス　いや、聞いている。

ソクラテス　そうすると、この息子の生まれつきの素質が悪いというふうには、だれも言えないのだろうね？

アニュトス　たぶん、それは言えないだろう。

ソクラテス　では、この点はどうか？　クレオファントスは、父テミストクレスがそうであったのとおなじ点で、優れていて知恵があったということを、あなたは、年少でも年長でもよいがだれかから、聞いたことがあるかね？

アニュトス　いいや、そのような話を聞いたことはぜんぜんない。

ソクラテス　それではわれわれは、先ほどのようないくつかの点ではテミストクレスは自分の息子を教育しようとしたが、自らが傑出して知恵があるまさにその知恵の点で、隣人たちより息子が優れた者になるようにいっさい教育しようとしなかっ

E

た——もしも徳《アレテー》が教えられるものであるとしたなら、そう考えるしかなくなってしまうが——と考えるのだろうか？

アニュトス　誓って、そんなことはないだろう。

ソクラテス　したがってこうして、先人たちの中でもっとも優れた人物のひとりであるとあなたも認めるテミストクレスは、徳《アレテー》の教師といっても、せいぜいこのようなありさまにすぎない。

94A　では、他の人を検討してみよう。リュシマコスの息子のアリステイデス[80]はどうだろうか。あなたはアリステイデスが優れた人物であったと認めるね？

アニュトス　もちろん。そう認めるとも。

ソクラテス　この人も［祖父と同名の］息子のリュシマコス[81]を、教師につくことができる範囲では、アテネ市民の中で最上の教育を与えた。しかしアリステイデスは息子を、他のだれかより優れた者にしたと、あなたには思えるだろうか？　というのも、あなたはたしかリュシマコスの知り合いだから、かれがどんな人かご存じだろうからね。

B　次に、もしよければ、堂々とした賢者の、あのペリクレス[82]をとりあげよう。ペリクレスはパラロスとクサンティッポスというふたりの息子を育てたことを[83]、あなたはご存じだろうね？
アニュトス　ああ、知っている。
ソクラテス　あなたもご存じのように、ペリクレスはこのふたりに、馬術に関してはアテネ市民のだれにも劣らない者になるよう教えた。また音楽や体育競技や、技術に依存する他の分野でも、だれにも負けない者になるよう教育したのだ。しかしそれなら、はたしてかれは息子たちを優れた人物にしたくなかったのか？

80　前五二〇頃～前四六八年頃のアテネの有力政治家。「正義の士」という異名をもちサラミスの海戦などに功績があった。
81　息子リュシマコスはトゥキュディデスの息子メレシアスとともにプラトンの『ラケス』にも登場し、自分たちへの父親の教育について嘆く（179B–D）。
82　前四九五頃～前四二九年のアテネ全盛期を代表する政治家。民主政のやり方を徹底させた指導者。しかし『ゴルギアス』（515E–516D）ではペリクレスさえ、統治時代を通じて市民の水準を上げられずむしろ下げたとして、低い評価が与えられる。
83　『プロタゴラス』（319E–320A）にもペリクレスの息子の育て方の叙述がある。

いや、したかったのさ、わたしの意見ではね。ペリクレスとしてはそうしようと (94)
欲したのだが、しかしそれは教えられないものだったということでは、ないのだろ
うか。

そして、この問題に関して、アテネ人の中でごく少数の人間が無力であるとか、
もっとも取るに足らない人間だけが無力であるとあなたが考えないように、トゥ
キュディデス[84]のことも考えてもらいたい。かれは、メレシアスとステファノスとい C
うふたりの息子を育て、この息子たちを他の面でも立派に教育したが、ふたりの息
子はとりわけレスリングにおいて、アテネ人でもっとも上手になったことを、思い
出してほしいね。トゥキュディデスはひとりの息子をクサンティアスに習わせ、も
うひとりをエウドロスにつけたから。このふたりはたしか、当時の人々のうちでレ
スリングがもっとも上手であると評判の人だった。あるいは、あなたはもう覚えて
いないだろうか？

アニュトス　うむ、うわさで聞いている。

ソクラテス　それでは、明らかにトゥキュディデスが、謝礼を支払って教えなければ
ならなかったことなら自分の子どもたちには教えたが、お金を支払わないでもすむ D

こと、つまり優れた人間にするということのほうを——かりにもしも徳《アレテー》が教えられるものであったとしたら、こういうことになるが——子どもたちに教えなかったのだろうか？　まさか、そんなことはけっしてなかったのではないか？

　しかし、あるいはひょっとして、トゥキュディデスは取るに足らない男で、かれにはアテネ人と同盟国人の間にそんなに数多くの友人がいるわけではなかったのかな？　——いやいや、そんなことはなかった。もしも徳《アレテー》が教えられるものであったのなら、自分は国政の諸事に追われて暇がなかったにしても、かれは自分の息子たちを優れた人間にしてくれるようなだれかを、故国の人であれ他国の人であれ、見つけだせたはずなのだ。そもそもかれは、そのようにできるほど立派な家柄だったのだし、また、自国でもギリシャの他の地域でも、そうできるくらいの大きな権勢を誇っていたのだ。

　むしろ、親愛なるアニュトス、ようするにきっと徳は教えられないものなのでは

84　歴史家のトゥキュディデスではなく、同名のアテネ保守派の有力政治家。ペリクレスと激しく争った政敵で、前四四二年に陶片追放（市民の投票による国外追放）になった。

ないだろうか。

アニュトス　ソクラテス、どうやらあなたは、平気で他人の悪口を言う人であるように思える。もしわたしの言うことを聞くつもりがあるなら、わたしはあなたに、気をつけるよう、忠告したい。たぶん他の国でも、人に親切にするよりも危害を加えるほうが容易だろうが、この国ではとくにそうなのだ。そこのところは、あなたご自身も、よくよくご承知のことであるとは思うが。

95A

第五章　メノンとの対話の結論

ソクラテス　……メノン、アニュトスはどうも怒ってしまったようだ。ま、わたしはそのことを少しも不思議に思わないが。

　というのもかれはまず、わたしがあの人たちの悪口を言っていると思い、さらに、どうやら自分もその中のひとりだと考えたのだから。もしもかれがいつか、悪口を言うとはどういうことか知ったなら、怒るのをやめるだろう。でも、かれはいまのところそれを知らないのだ。

　そこできみのほうでわたしの問いに答えてほしい。きみたちの国にも、この上なく立派で優れた人々が、何人もいるのだね？

メノン　ええ、もちろん。

ソクラテス　それでは、どうだろう？　そうした人々は、若者を教育する任務に就くことを望み、自分たちは教師であること、徳《アレテー》は教えられることに、全員同意するだろうか？

B（95）

メノン　いいえ。神に誓ってそんなことはありません、ソクラテス。あなたは或るときにはかれらから、徳《アレテー》は教えられると答えてもらえますが、別の時には教えられないという答をもらうでしょう。

ソクラテス　ではこの人々が、そのことがら［徳《アレテー》］の教師であるとわれわれは主張すべきだろうか？　ただし、かれら自身の間でも、まさにこの点で意見の一致はみられないのだが。

メノン　いいえ、そう主張すべきとは思いません、ソクラテス。

ソクラテス　それでは、この点はどうかね？　教える約束をしている唯一の人々である例のソフィストを、きみは「徳《アレテー》の教師」だと思うだろうか？

メノン　ええ、ソクラテス、わたしがゴルギアスに特別に敬服するのはそこのところなのです。つまり、かれが徳《アレテー》を教える約束をしているのを、あなたはいちども聞くことはできないでしょう。他の人々がそんな約束をしているのを聞くと、あの人

C

は馬鹿にして笑いさえするのです。むしろ、自分は人を優れた弁論ができる者にすることを仕事にしている、というようにかれは考えています。

ソクラテス　そうすると、きみにも、ソフィストは［徳《アレテー》の］教師でないと思えるのかな？

メノン　答えられません、ソクラテス。なぜなら、わたしは自分でも、多くの人が経験していることをいま経験しているからです。わたしには、或る場合にはそう思えるし、また或る場合にはそう思えないのです。

ソクラテス　いや、そんなふうに徳《アレテー》が或る場合には教えられるように思え、また或る場合には教えられないと思えるのは、きみや他の政治家だけではないよ。きみは知っているかな？　詩人テオグニス[85]もおなじことを語っているのだ。

メノン　は？　どんな詩の中のことでしょうか？

D

85　前六世紀の、多くの作品の著者とされ尊敬されたメガラのエレゲイア詩人。以下では教師としての詩人の権威も、疑問があることになる。

ソクラテス　エレゲイア詩の中でだ。かれは次のように言っている。

偉大な力の人々のもとで、飲み、食し、
かれらとともに椅子に座り、
かれらの気に入るようにせよ。
されば汝は、優れた者[86]から、優れたことを教わるであろう[87]。
だが、もし汝が劣った者と混じるならば、
いま汝にある知性さえ、滅ぼすであろう。[88]

ほらね、この詩の中ではテオグニスも徳《アレテー》は教えられるものとして、話をしているだろう？

メノン　ええ、そう思えますね。

ソクラテス　しかしかれは他の箇所では、少し話を変えてこう言っているのだ。

もし知能[89]がつくられたもので、人間の中に植え付けられたのなら[90]、

E

(95)

このように言っていて、知能の制作ができる人々は

たくさんの大きな報酬をもらうだろう。[91]

と言っている。そしてまた、

子が賢明な話を信ずるならば、

86 「エストロス（esthlos）」で「アガトス」とほぼ同義。「よい」「優れた」。ただし、この行では、引用第一行の「偉大な力（＝権力）の人々」を、「優れた人」としてさす。

87 didaxeai. テオグニスの原テキストでは mathēseai で、「学ぶであろう」。

88 テオグニス、三三〜三六行。

89 noēma.「思考する（noein）」「知性（ヌース）」の系統のことば。

90 テオグニス、四三五行。

91 テオグニス、四三四行。

96A　優れた父親から劣悪な子が生まれることもなかっただろう。
　だが、教えるだけでは、
劣悪な輩を優れた者にすることはできまい。[92]

こう言って、おなじことについて自分の言ったことと矛盾したことを言っている。
そこは、きみも気づいているね？

メノン　ええ、矛盾したことを言っているようです。

ソクラテス　それでは、自分こそ教師であると主張する人は、他人にものを教える教
師でないだけでなく、自分でも知識をもっていないのであり、まさに自分が教える
B　と言っているそのことがらに関して、劣っていると思われているのだ。
ところが、この上なく立派で優れていると認められている人々のほうでは、或る
時にはそれは教えられるものだと言いながら、また或る時には教えられないと言っ
ている。
――このようなことがらについて他に、きみのほうで何か言えるだろうか？　何
についてでもよいのだが、きみはこんなにも混乱してしまった人々が、ことばの正

しい意味で「教師」であるというふうに、言うことができるだろうか？

メノン　神に誓って、わたしはそんなふうには言えませんね。

ソクラテス　そうすると、ソフィストも、自らこの上なく立派で優れているような人々も、どちらもこのことがらを教えてくれる教師ではないのなら、他の人々が教師ではありえないことは明らかではないか？

メノン　ええ、他の人々も教師でありえません。

ソクラテス　そして、教える教師がいないのなら、学ぶ弟子もいない。

メノン　はい、あなたの言うとおりだと思います。

ソクラテス　だがまた、教師も弟子もいないようなことがらは、教えられるものでもないということを、すでにわれわれは同意した。[93]

メノン　ええ、同意しました。

ソクラテス　では、徳《アレテー》の教師はどこにもいないように思われるね？

C

92　テオグニス、四三六〜四三八行。
93　89D–E。

メノン　はい、そのとおりです。 (96)

ソクラテス　だが教師がいなければ、弟子もいないのだな？

メノン　ええ、そう思えます。

ソクラテス　したがって、徳《アレテー》は教えられないものであることになる。そうだね？

メノン　ええ、もしわれわれが途中誤りなく考察してきたのなら、教えられないようです。 D

そうだとすれば、わたしは不思議に思わざるを得ません、ソクラテス。優れた人々も、じつはまったくいないのではないのでしょうか、あるいは、優れた人があらわれ出てくるとしたら、それはどのようにしてなのでしょうか。[94]

＊

ソクラテス　おそらく、メノン、わたしときみは取るに足らない人間なのだろう。ゴルギアスはきみを十分に教育しなかったし、プロディコスはわたしを十分に教育しなかったのだ。

そうすると、われわれはまず何よりも自分自身によくよく注意を向けて、ともあれなんらかの方法でわれわれをより優れた者にしてくれる人を、探さなければならないわけだ。わたしがこう言うのは、先ほどの探究をふりかえってみて、ひとつのことを、われわれは愚かにも見逃してしまっていたのではないかと思うからだ。すなわち、知識が導くときのみ、人々によってことがらが正しく立派におこなわれるわけでは、ないのだ。おそらくはこの点で、優れた人々がどのようにしてできあがるのかを知る道筋から、われわれは外れてしまっているらしい。 E

メノン　それはどのような意味のことでしょう、ソクラテス？

ソクラテス　こういうことだよ。まず、優れた人間は有益でなければならないという点についてわれわれが同意した[95]のは、正しかった。その点はこのとおりであって、これ以外ではありえない。そうじゃないかね？ 97A

メノン　はい、そうです。

94　この不思議さ、驚き（thaumazein）の感慨は、メノンがこの「ソクラテスとの対話」で獲得した財産のひとつである。

95　87E。

ソクラテス　また、扱っている問題についてわれわれを正しく導く場合、その導いた人々は有益である。この点をわれわれが同意していたのも、きっと正しいことだろう。 (97)

メノン　はい。

ソクラテス　しかし知がなければ正しく導くことができないという点に関しては、96 言ってみれば、われわれが同意したのは正しくなかった、と言ってもいいのではないだろうか？

メノン　いったいどのような意味で、正しくなかったと言われるのですか？

ソクラテス　うん、説明しよう。

もしだれかがラリサへの、あるいは他のどこでもいいが、その土地への道を知っていて歩み、他の人々を案内して導くなら、その人は、正しく上手に導くことになるだろう？

メノン　はい、そのとおりです。

ソクラテス　では、この場合はどうだろう？ B

或る人が、その道を以前に歩んだことはなく、知っているわけでもないが、どれがその道か、正しく考えて導く場合、この人も「正しく」導くのではないだろうか？[97]

メノン　はい、そのとおりです。

ソクラテス　そして或る人が、別の人が知識を持っていることがらに関して正しい考えを持っているなら、そのかぎりで、知ってはいないにしても真実のところを考えているのだから、この人は、それを知っている人にまったく劣らない道案内人になるだろう。

メノン　ええ、まったく劣りません。

ソクラテス　したがって正しい考えは、行為の正しさに関しては、知にまったく劣らず正しく導く。

C　そしてこれこそ、先ほどの徳《アレテー》はどのようなものかという考察の際、知のみが正しい行為を導くと言い切ってしまって、われわれがふれないまま残した点なのだ。

96　88B–89A。

97　日本語訳での道を「導く」と、あとで出てくる政治の「統率する」は、原語ではおなじギリシャ語 hēgeisthai。

(97) しかし、ほんとうは正しい考えもまた、そうしたものなのだった。

メノン　はい、そのように思えますね。

ソクラテス　ゆえに正しい考えは、知識に何ら劣らず有益である。

メノン　ええ、ソクラテス。知識を持つ者はつねに正答を出すのに対し、正しい考えを持つ者は、或る時には正しく、或る時には間違えるというかぎりで、そのように言えますね。

ソクラテス　それはどういうことかな？　つねに正しい考えを持つ者なら、正しいことを考えているかぎり、つねにうまくいくのではないだろうか？

メノン　ええ、そうならざるを得ないように思えます。
D そうすると、ソクラテス、もしそうなっているなら、なぜ知識は正しい考えよりもはるかに価値の高いものであり、何によって知識は知識で、正しい考えは正しい考えでありお互い別のものとなるのか、わたしは不思議に思います。[98]

ソクラテス　それでは、なぜ自分が不思議に思うようになったか、きみはわかるかな？　それともわたしがきみに説明しようか？

メノン　ええ、ぜひ説明してください。

ソクラテス　それはきみが「ダイダロスの影像[99]」に注意を向けたことがないからなのだ。しかし、そもそもきみたちの国にはそれはないのだろうが。

メノン　いったい何のためにそうおっしゃるのでしょうか？

ソクラテス　あの影像にしても、縛られていなければ走り出して逃げ去るが、縛られていれば留まるからだ。

メノン　それで？

ソクラテス　ダイダロスが作った作品のどれかを、縛られていないときにもっていても、逃亡してしまう奴隷を所有しているのとおなじで、家に留まってくれない。だから、さほど高額のお金には値しない。しかしあれは、縛りつけられているときには、たいへんな値うちが出る。かれの作品は非常に美しいから。

それでは、いったい何の話をするためにわたしがこの話題を持ち出しているのかといえば、正しい考えのことを論じるためだ。つまり正しい考えもまた、或る程度

98　これも、メノンがソクラテスとの対話で獲得した新しい問題を示す。

99　ダイダロスは伝説上の彫刻家。作品が自分で動き出したと言い伝えられていた。

98A の時間留まっていてくれる場合には、立派であり、あらゆる優れたよいことを成し遂げてもくれる。しかしそうした考えは、長期間留まってはくれないで人間の魂から逃げ出してしまうので、したがって人がこれらの考えを［事柄のそもそもの原因にさかのぼって、その原因から考えて］原因の推論によって縛りつけてしまうまでは、[100] たいした価値はないのだ。そしてこれが、親愛なるメノン、以前われわれが同意したところでは、想起なのである。だが、いったん縛られたならば、それらの考えは初めに知識になり、しかるのち、安定的に持続するものになる。

そして、この理由から知識は、正しい考えよりも価値が高く、また、知識が正しい考えと異なるのは、「縛られている」という点によるのである。

メノン 神に誓って、ソクラテス、何かそのような事情によるようです。

B **ソクラテス** むろんわたしは、自分ではことの真相を知らないままに話しているのであって、おおよそこうではないかと推測しているのにすぎない。だが、正しい考えと知識は互いに異質な何かであるということについて、わたしは、たんに推測をしているだけではないつもりだ。わたしが知っていることはほんのわずかでしかないけれど、自分がこれなら知っていると主張できるものが何かあるとすれば、わたしはこの点もまた自分が知っているものの中に含めたいと思っている。
メノン　はい、あなたがおっしゃるとおりです、ソクラテス。
ソクラテス　では、どうか？　この点は、このとおりに正しくないか？
すなわち、正しい考えが導くとき、それは知識にまったく劣らずに、そのつどの行為において課題となっている仕事を成し遂げるのではないだろうか？
メノン　ええ、その点も、あなたの言うことは正しいと思います。
ソクラテス　そうすると、もろもろの実生活上の行為に関するかぎり、正しい考えは知識にくらべて何ら劣っていないし、何ら有益性においても不足があるわけでもないだろう。また正しい考えをもつ人物も、知識をもっている人物より劣ってもいないし、有益性においてひけをとることもないだろう。
メノン　はい、そのとおりです。

100　「原因の推論」は、「原因から、その事態へと至る推論」の意味。「原因」にあたるギリシャ語の「アイティア aitia」は「理由」「根拠」「説明」とも訳される。この箇所が「真の信念に何をプラスすれば知識になるか?」という西洋哲学の問題の始まりである。

ソクラテス　そして、優れた人間は有益であると、われわれは同意した。 (98)

メノン　ええ。

ソクラテス　さあ、それでは、人々が優れており国家にとって有益である場合、かれらは知識によってばかりでなく、正しい考えによってもそのような者でありうるし、これら知識と正しい考えの二つとも、生まれつき人々に備わっているものではない D
ので……。

いや、あるいはきみには、このどちらかが人々に生まれつき備わっていると思えるだろうか？

メノン　いいえ、わたしにはそう思えません。

ソクラテス　そうすると、これらのどちらもが生まれつき備わるのではないので、優れた人間も、生まれつき優れているわけではないということになる。

メノン　ええ、たしかに。

ソクラテス　そして、優れた人間は生まれつき優れているわけではないので、われわれはこのことの次に、徳《アレテー》[101]が教えられるかということを考察したのだった。

メノン　はい、そうでした。

＊

ソクラテス　そうすると、徳《アレテー》が知ならば、それは教えられると思われたのではないか[102]？

メノン　はい。

ソクラテス　また、かりにもしも徳《アレテー》が教えられるものだとするなら、それは知である、とも思われたのだね[103]？

メノン　はい、そのとおりです。

ソクラテス　さらに、徳《アレテー》の教師がいるなら徳《アレテー》は教えられるし、いなければ徳《アレテー》は教えられないと思われたね？ E

メノン　ええ、そうでした。

101　89B 以下。
102　87C。
103　87C。

ソクラテス　しかしわれわれは、徳《アレテー》には、それを教えてくれる教師はいないということに同意したのだ。[104]そうだね？

メノン　はい、そのとおりです。

ソクラテス　したがってわれわれは、徳《アレテー》は教えられるものでもないし、知でもない、と同意したのだね？[105]

メノン　ええ、そうです。

ソクラテス　だが、そのいっぽうでまた、われわれは徳《アレテー》がそれ自体、よいものであるとも同意しているのだね？[106]

メノン　はい。

ソクラテス　そしてまた、正しく導くようなものは、有益なものであり、よいものであるとも同意しているわけだ？[107]

メノン　ええ、そのとおりです。

ソクラテス　しかしそれだけでなく、正しい考えと知識の二つだけが正しく導くと考 99A
える点でもわれわれは同意する。[108]この二つをもつとき、人間は正しく導くのである。なぜなら、何らかの偶然から正しくおこなわれるようなこともあるにせよ、そうしたことがらは、人間の統率においておこなわれるものではないからだ。人間が正しい方向に導くことのできるものを導くのは、正しい考えと知識の二つである。

メノン　ええ、わたしにはそのように思えます。

ソクラテス　さて、徳《アレテー》は教えられないものなので、それが知識によって生まれてくることもまた、もはやないのではないか？

メノン　はい、そのように生まれてくるようには思えません。

ソクラテス　そうすると、よいもので有益なものは二つあるのだが、そのうちの片方はもうその任を解かれているのだね。

B

そのゆえに知識は、政治的な行為を統率する要因ではありえないのだ。

104　96B。

105　96C–Dで「教えられるものでないこと」が同意された。「知（フロネーシス）でもない」は文字どおりには同意されていないが、同時に同意されたとみなされている。

106　87D。

107　88A–89Aに、ほぼこれに相当する同意が含まれる。

108　96E–97Cの議論。

(99)

メノン　ええ、そう思えますね。

ソクラテス　したがって、テミストクレスを始め、ここにいるアニュトスがさっき挙げた人々のような、こうした有徳の人々は、何かの知恵により、あるいは、自分が知恵のある賢者であるがゆえに国を統率しているのではないことになる。だからこそ、かれらは自らが持っている知識ゆえにそのような人であるのではなく、そのため、他の人々を自分に似た人間にすることもできないのだ。

メノン　ええ、ソクラテス、どうやらあなたが言うとおりのようです。

ソクラテス　もしも政治家が知識のゆえに統率できているのではないなら、残っている可能性は、すぐれた推測[109]によって統率者になることである。政治家はそうしたすぐれた推測を利用して国家を正しく治めているのであり、かれらは知の点では、託宣を述べる人々や神懸かりの予言者と何ら異ならないのだ。じじつ、この人々にしても、神懸かりになって真実のことをたくさん語りはするが、しかし自分が語っていることがらを、何ひとつとして知っていないのだから。 C

メノン　ええ、おそらく、そのとおりなのでしょう。

ソクラテス　そうすると、メノン、こうした覚醒した理解をもたないまま、それでも言行において数多くの偉大な業績をあげるような人々のことを「神のごとき人」と呼ぶのが、ふさわしいのではないだろうか[110]？

メノン　まったくそのとおりですね。

ソクラテス　だから、いまわれわれが挙げた託宣を述べる人や予言者や詩人全員を、「神のごとき人」と呼ぶならば、正しいことだろう。政治家にしても、かれらがうまく成功して、数多くの偉大なことを語りながら、自分が語っているその内容の何ひとつも自分で知らないとき、かれらはそうした人々のだれにも劣らずすぐれて「神のごとき人」なのであり、神に霊感を吹き込まれ、神に憑かれたために、「神懸かり」になっているとわれわれは言うことができるだろう。

D

メノン　はい、そのとおりです。

109　eudoxia は「名声」、「良い評判」の意味の語だが、ここでは語源の eu（よく・すぐれて・上手に）と doxa（ここでは、知識との対比での「憶測」、「推測」）を響かせた使用である。

110　「神のごとき（theios）」はここでは、インスピレーションに動かされておこなうという意味。詩人が神懸かりであるという主張は『ソクラテスの弁明』（22A–C）、『イオン』（533C–535E）にある。

ソクラテス　それに、メノン、女性たちも、優れた人々を「神のような方」と呼んでいる。またスパルタの人々も、優れた人を褒めるときに、「この方は、じつに神のごときお人です」のような言い方をする。[111]

メノン　ええ。かれらの言い回しは正しいように思えますからね、ソクラテス。ここのアニュトスは、あなたがそんなことを言うのに腹を立てているかもしれませんが。[112]

ソクラテス　わたしは何とも思わないよ。アニュトスとは、メノン、また話す機会もあるだろうさ。

　だが、もしわれわれがここまでのすべての議論で正しく探究をおこない、正しい論じ方ができていたとすれば、徳《アレテー》は生まれつき備わるものでもなく教えられるものでもなくて、備わる人々には何か神的な運命のようなものによって[113]、覚醒した知性などを抜きにして備わるものだろう。かりにもしも政治家のなかに、他の人をも政治家にすることができるような人が、だれもいないとすればだがね。

　もしそうではなく、そうした人がいるとすれば、その人こそ生者の間で、かつて死者のなかにいるテイレシアス[114]がそうであるとホメロスが伝えたような人物であると言われるだろうね。

すなわちホメロスは、かれについて

冥府の者で、かの人のみ、なおも生き生きとした知力をみせる、
他の者どもはといえば、みな影のようにふわふわ浮遊するのみ。[115]

と語ったのだ。そのような人は、影に対して真実が［一段すぐれたものとして］関係するように、この世で徳《アレテー》について［影のような徳《アレテー》しかない、ふつうの政治家に対

111　女性もスパルタの人も、古くからの言い回しを好むとされた。女性の言葉づかいについては、『クラテュロス』(418B–C)。

112　民主派のアニュトスは徹底した反スパルタ派。

113　『国家』第六巻（493A）、第九巻（592A）でも、例外的に説明が付かないままにうまくいってしまう子育てなどが「神的な運命（theia moira）」で表現される。

114　叙事詩の世界に登場する、伝説上のテバイの予言者。盲目で、何世代にもわたって生き、ギリシャ随一の知者、予言者とされた。

115　『オデュッセイア』第一〇巻四九四～四九五行からの引用。

して」関係するのだろう。

メノン　あなたはこの上なく正しい話をされたようにわたしには思えます、ソクラテス。 (100)

ソクラテス　さあ、そんなわけで、メノン、この推理からは、徳《アレテー》は、それが人に備 B
わる場合にはいつも、神的な運命によってわれわれに備わることは明らかである。
だが、われわれが徳《アレテー》そのものについて明確なことを知るのは、「いかにして徳《アレテー》
は人々に備わるのか？」ということ以前に、「徳《アレテー》は、それ自体として、いったい何
であるか？」の問題に着手するときなのだ。[116]
――しかし、今はもう、わたしは行かなければならない時間だ。きみのほうは、
きみ自身が説得されて信じているそのおなじことを、ここにいる仲間のアニュトス
にも信じこませるように、説得してみてはどうだろう？　そうしたらかれは、もう
少し穏和になるだろう。こう言うのも、この人を説得できれば、きっときみはアテ C
ネの人々のためになることを、したことにもなるからだが。

116 こうして、ひととおりすべてを論じたあげく、議論は、はじめの71Bのソクラテスの「何であるかに関してさえ無知の状態」に、ふたたび戻る。

テキストに関する注

●75D7は、写本とOCTの一致するerōtōmenos（「問いを問われる、答え手の人」）でなく、Thompson, Bluckなどの提案するerōtōn「問いを立てる、問い手の側の人」を読む。

●75D6をBluckのようにproomologēiと読まず、写本、OCTの通り、prosomologēiで読む。

●77C8では写本とOCTが一致するautōiを読む。

●78D6では、写本、OCTのautaでなく、autoを読む。

●79B7で、ti oun dē touto legō; 全体をソクラテスのせりふにするOCTによらず、Stallbaum, Thompson, Bluckに従って、ti oun dē; をメノンに、touto legō. のみソクラテスに振り分ける。

●81A1のoukounはDenniston, Bluck, Sharplesに従って、OCTとは異なる、最初のouが鋭アクセントのおなじ綴りの単語（οὔκουν）と解し、この文を、否定の答を予期する問いに読む。

●83C5でOCTは、写本のtetartonをtetrapoun（「四平方フィートの正方形」）に変えて読む。本訳では写本通り読み、おなじ内容の別の表現と解釈する。

●86A8で写本、OCTのounでなく、Stallbaumが推測したouを読む。

●90E4の写本とOCTのzētounta manthanein para toutōnは、注釈家が一致して提案するように削除する。

●99A7はOCTのepistēmē（主格「知識として生じる」）でなく、写本からBluck, Sharplesのepistēmēi（与格）を読む。

『メノン』解説目次

（三）少年との対話

三　第三〜五章の議論

（一）仮説の方法

（二）知性主義

（三）ラリサへの道を案内できること

解説

渡辺 邦夫

はじめに

『メノン』の伝統的な副題は「徳《アレテー》について」です。しかしこの作品はさまざまな興味深い議論を含んでいます。しかも、後のプラトンの哲学でここから始まった問題の取り組みは多いし、プラトンの哲学という話題を離れて西洋哲学の広い文脈で考えてみても、『メノン』が創始したと思われる主題がいくつかあり、どれも重要なものばかりなのです。その多くは知識（エピステーメー）とドクサ（本訳では「考え」と訳しました）の関係にかかわります。そこでこちらの認識論的な、あるいは見方によっては「学問論的」な関心が『メノン』のほんとうの主題であると考えることも可能です。『メノン』の解説を書くとき、主題が「徳」なのか、それとも「知識とドクサ」なのかについてどのような態度をとるのかは大きな問題です。最終的には両方とも主題ですが、わたしは以下で、冒頭と最後でいわれる「徳とは何か？」という問題の重要性ということから考えてゆきたいと思っています。以下の説明も、徳の問題に答えてゆくというソクラテスの基本的な態度に沿っておこないます。たとえば「勇気とは何か？」のように個別の徳について「何であるか？」と問うのでもなく、また当時の弁論術やソフィストの技術との関係で弁論家やソフィストの徳の理解を間接的に問うのでもなく、正面から「徳とは何か？」を一般的に問題にしたので、それで、そこからストレートに、後半部の、知識とドクサ、学問の方法、人間の自然本性の問題全体をも、あくまで徳の議論の延長上で論じなければならなくなったのだとわたしは思います。このように、徳の問題から知識やドクサや存在するものに関する問題に「つながる」ことが『メノン』の面白い持ち味だと思います。じつは、『メノン』以後のプラトンの作品では、倫理や人生の領域の「徳とは何か？」というより、存在全般に関わる「善とは何か？」「ほんとうに存在するものはどのようなものか？」のように問いがおもに立てられるようになります。中期という時期の作品の特色ですが、この点も『メノン』における哲学のいろいろな主題が関係しあう仕方から、或る程度説明されると思います。つまり、一貫して徳を問題にして徳以外のことはあまり問題にしなかったといわれる、ソクラテスというひとりの人間の個性が、『メノン』の全体で問題なのだろうと思います。そののちプラトンは、『メノン』で徳の本質を問題にしたことから自動的に数珠つなぎのように出てきたおなじ主題群を、こんどは自分のことばで自由に展開したらどうなるか論じたように思われます。

「徳」は「アレテー」の訳ですが、「卓越性」のように訳す訳者もいます。「眼のアレテー」は見る力が優れていることで、「建築家のアレテー」は立派な家を建てることです。「土地のアレテー」は作物がよく育つということですし、「馬のアレテー」は馬としての働きが優れていることです。同様に人間のアレテーが問題になります。そしてこの人間のアレテーが『メノン』の主題ですので、「卓越性」は誤訳でなく、立派な翻訳です。しかしその内容として、ギリシャでは勇気、節度、知恵、正義、敬虔のような「徳」が考えられていました（他にも、無数のマイナーな「人間の徳」がありました）。「知恵」などの知的なアレテーは道徳・倫理の範囲をやや超えていますが、「徳」と言ってもいちおう理解されるように考えます。そこで読者が主題にすぐに入れるように、本訳では「徳」のほうを選んでいます。なお、後に詳しくみるように、政治家タイプの若者メノンが「アレテー」を語るときには、政治の力のある人が示す

「抜群の実力」という意味合いが中心です。しかしそのメノンにしても、人間としての「徳」はいったい何かという共通問題に対してそのように考えたのだと言ってよいように思います。

――そのようなわけで、「アレテー」ということばの、「徳」の意味の広がり以上の広がり（一般的な「卓越性」）をも理解した上で、この主題を押さえていただければ幸いです。とくにこの点は、ソクラテスや著者のプラトンが徳の問題を、たんに社会や個人の問題とみるのではなく、自然や生物や自然本性一般のいろいろな問いと連続的に考えることができた点につながっていきます。これは自然・社会・人間をつねに広い視野で見ることができたギリシャ人の特色でもあるので、重要であると思います。

プラトンの作品（ほぼすべて対話を戯曲のように描いたものなので、「対話篇」と呼ばれます）は、時期の区別が重要です。時期によってプラトンの考えも哲学のスタイルも、微妙に変わるからです。通常三つの時期に分け、「初期」・「中期」・「後期」対話篇のように言います。『メノン』はこうした作品の中で、初期対話篇に属しています。

数多い初期対話篇の中でも、ソクラテスが裁判の結果、死刑判決を受けることになる法廷弁論を収めた『ソクラテスの弁明』は、ソクラテスが若者相手におこなってきた自分の活動を説明する場面を描いており、ソクラテスの対話の趣旨を捉える貴重な源であると言えます（以下では、「ソクラテス」は対話篇に登場してくるソクラテスのことを言います。歴史上の実際のソクラテスがプラトンの作品を離れてどうであったかという問題には、関わりません）。ソクラテスは、自分は他の人々とおなじく、もろもろの徳や他のもっとも大切なことがらについて知らないけれども、自分が知らないという事実について明確な自覚をもっていると言います（21B-23C）。いっぽう、政治家にしても詩人にしても職人にしても、ソクラテスが自分より知恵があるだろうと見込んで訪ねた人々は、おなじく大切なことがらについて知らないのに、自分が知っていると思い込んでいて、このように「自分の無知について無知である」ために、探究と自己の吟味からほど遠い生活をしている――プラトンの報告によれば、このようにソクラテスは裁判の中で述べています。しかし人間の真に人間らしい生活は、「吟味」ということなしに不可能なのだ、とかれは非常に明快に言い切ります（38A）。

『メノン』は初期対話篇のなかでも、最後の作品です。そしてここで取り上げられるテーマや考えは、すべて次の『パイドン』と『饗宴』に受け継がれて展開されます。ただしこの二作品はもう、次の「中期」と呼ばれる時期のはじめの著作です。中期になると哲学の方法が重要になるとともに、プラトン独自の哲学が展開してゆきます。『メノン』では、「美そのもの」や「正義そのもの」を考える中期対話篇の「イデア論」と呼ばれる立場の主張は、まだ出ていません。また『パイドン』ではイデアの存在とともに「魂の存在」ということが、テーマになります。この点は『メノン』では、神職にある人々などから聞いた話として短く導入されるだけです（81A–E）が、『パイドン』では理論的な可能性が本格的に検討されて、死後も魂が不滅であるということ、したがって自分がやがて死んでしまうことを言い訳に探究や吟味から自分の注意と熱意をそらすのは、誤りであるということを論じようとします。

したがって『メノン』は、徳そのものについて考える材料を提供すると同時に、初期のソクラテス的な探究から、すぐ後にプラトン自身の個性的な哲学が出てくる、「本格的プラトン哲学誕生」に関係する考え方を読者に示してくれる作品でもあると期待されます。

過渡的な時期の作品ですので、出だしは初期の他の作品と似たパターンの始まり方をしています。しかし似ていても、ちがう点もはじめからあります。まず、『メノン』以前では「勇気とは何か？」（『ラケス』）「節度とは何か？」（『カルミデス』）「敬虔とは何か？」（『エウテュプロン』）「美とは何か？」（『大ヒッピアス』）などは話題になりましたが、いろいろな徳目をすべて束ねた「徳とは何か？」のような、ことばの意味においての非常に一般的な意味合いの問いは、いちども対話篇全体の公式主題になっていませんでした。同時に『メノン』では徳を一般的に扱うので、「人間とは何か？」「なぜ人はそもそも徳を積む必要があるのか？」「善とは何か？」とか、「人間にとって学びや教育はどの程度どのような意味で重要なのか？」などの、倫理や道徳の領域を超え出るような、関係するさまざまな問題がすぐに問われてくるはずです。そこでこの点は、徳を主題化することを通じて『メノン』が、しだいに一言でまとめることが難しいほどいろいろな哲学的主題（知識、信念、幸福、教育、魂）を扱う理由を探る上で、ヒントになると思います。これからしばらくの間、この〈徳の一般性の問題〉を中心に、第一章の議論を追いかけてみましょう。

一　第一章の議論

（一）徳とメノン

『メノン』の主題は「徳《アレテー》」です。この話題をひとつの副題のようにして、プラトンはすでにこの作品の直前に、ソフィストの技術について考える『プロタゴラス』と、弁論術と弁論家についてこれをどう考えるべきかという議論を示す『ゴルギアス』という、比較的長い二作品を書いています。これらは、短い作品の中に玉手箱のように内容がつまっている『メノン』を理解するための、第一級の補助資料です。当時のはやりの技術と信奉者の考えや行動に焦点を合わせたこの二作品とは対照的に、『メノン』では、外国のテッサリアからの客であるメノンがソクラテスに対して、ずばり単刀直入に「徳は教えられるものでしょうか?」と尋ねるところから始まります（70A）。これに対してソクラテスが、もっと根本的ではじめに答えられなければならない「徳とは何か?」さえ自分は答えられないと言って（70C–71B）、全体の主題がはっきりと示されます。

対話の主たる人物はメノンという若者です。かれは紀元前四〇二年ごろの設定の、この対話篇で想定されるアテネでのソクラテス・アニュトスとの対話のころ、二〇歳くらいでした。テッサリアの名門の出で、支配者アリスティッポスが恋する美少年であり、弁論家ゴルギアスの指導を受けて弁論術の練習に励み、政治交渉の仕事で訪ねたアテネで、成果をソクラテスに示したいと思っています。メノンはこの対話の後、紀元前四〇一年のペルシャ王に対する弟キュロスの反乱でキュロス軍の武将として出陣しますが、敗北し、一年後、つまり前三九九年に刑死したソクラテスより一足先に、あまりに若くして、死にます。

作家クセノフォンが、キュロス軍のもう一人の武将クレアルコスの友人であり、クセノフォンは、この戦いにおけるメノンを酷評しました（『アナバシス』2. 6. 21–29）。プラトンのほうの『メノン』におけるメノン評価は、表面的にこの悲惨な最期を示唆するものではないし、『メノン』執筆時にクセノフォンをプラトンが読んでいたかもしれませんが、その証拠はどこにもありません。しかし政治的野心が強く弁が立つ割に実力はまだまだという評価は、『メノン』で一貫しています。もっと重要だと思われるのは、教育論の観点でのプラトンのメノン評価です。つまり、メノンが受けた「特権的政治家修行」が「徳」という観点でどうだったのか、ソクラテスにとってのいわばお客様であるメノンに対して、ソクラテスともっとつきあっていれば、またソクラテスの精神を受け継ぐプラトンの学園においてであればどんなことが可能であったのかといったことを、プラトンはふたりの会話を通して、或る程度示唆しようとしたように思えます。このようにしてメノンは、たとえば「徳を学ぶ」という問題が、自分の予想をはるかに超えほんとうはどの程度難しいのかということを予感するところまでは、ソクラテスに連れて行ってもらえるし（96C–D, 97C–D）、他の多くの箇所と同様に、この問題への素朴な驚きを述べるときのメノンは、育ちの良い、素質の優れた若者本来の顔を垣間見させてもくれるのです。同時に読者は、（自分を含めて）メノンのような純粋培養的で特殊な政治エリートの条件をもたない、また特別な「くせ」のついていない若者であれば、それに加えて何を自分の問題として学べるかも、『メノン』から得ることができると思います。

メノンは弁論術を、テッサリアに住みついた当時最高の大家のゴルギアスから習っています。ゴルギアスはシシリー島東部レオンティノイの生まれの弁論家で、祖国の政治使節としてアテネにも来たことがあります。今日、いくつかの断片が残っています。このゴルギアスの弁論術の練習のおかげで、メノンは二〇歳くらいでまだ非常に若いにもかかわらず弁が立ち、たとえ相手がだれであっても、論戦や口論を上手に堂々とやれるように教育されています。

メノンとすれば、自分はこのような弁論術の教育のおかげでいわゆる「徳」も身につけていると言いたいところです。ただし先生のゴルギアスは、「徳の教師」であることを宣言していたソフィストのひとりと言われることも多いのですが、この点では当時の他のソフィストたちのような大胆さはなくて、自分には「知恵がある」とも公言しませんし、自分がお金を取って教えているのが「徳である」とも言いません。この事情は『メノン』のだいぶ後の箇所になって初めて、メノンの口から明かされます(95B–C)。

『ゴルギアス』で登場人物となるゴルギアス自身も、自分は技術である弁論術を教えているだけであり、そのような高級で立派な技術(448C)である弁論術によって、人々は他人から支配されず逆に国内で優位を占め、要するに「自由」を得ることができると言います(452D)。『メノン』でも、ゴルギアスのそのような態度をメノンはソクラテスにそのまま報告しています。しかしプラトンの目からみたとき、ゴルギアスの教えていることも代表的ソフィストのプロタゴラスたちが教えていたことも、内容や目的から言って実際にはちがわなかったようです。プロタゴラスは専門の知識や技術を与えることのほうに向かった他の二、三のソフィストを邪道扱いして、自分は一般的な教養である「たくみに策を練る力」を教えるから徳を教えていると主張します（『プロタゴラス』318E–319A）。これは「結果を得る政治的な力」を、プロタゴラスのものの見方から言っているせりふであるというふうに考えることができます。プラトンは逆に、ゴルギアスの側のソフィスト的な性格をも問題にしたことがあります。『ゴルギアス』で対話者ソクラテスは弁論術がほんとうに単なる弁論の「技術」なのか、それとも教育上、人の立派さ・よさへの積極的な関わりをもつものなのかという二者択一をゴルギアスに迫り、これに上手に答えられなくなったゴルギアスの形勢が悪くなったので、ゴルギアスに代わってその弟子のポロスがソクラテスの相手をつとめるようになります（457B–C, 460A–461C）。

このように、メノンが弁論術の勉強の成果で身につけたと思いたい「徳」は、人々が日常生活で当たり前の意味と考えて理解していたものです。一言で言えば「政治的・世間的なもの」で、「一国の中で人々を支配し統率する力」のような意味合いです。そしておなじ「徳」ないし「世に出る実力」をソフィストのプロタゴラスのほうでも養成しようとしていて、プロタゴラスとゴルギアスの手法や教育メニューには若干の差があったというふうにまとめることができます。

(二)「徳とは何か?」へのメノンの初め二つの答と一般性の問題

メノンはまず一回目の答では、「徳」を一般的に説明する答を出さずに、「男の徳」や「女の徳」や「大人の徳」や「子どもの徳」や「自由人の徳」や「奴隷の徳」があると言って、ひとつひとつを簡略に答えます(71E-72A)。この答はソクラテスによって自分の一般的な問いの趣旨を取り違えたものとされ、メノンもすぐに別の答を出すようになるのですが(72A-73D)、メノンが女の徳などと別の、男の徳の説明とする「国家公共のことをおこない、しかもそれをおこなう際、親しい友にはよくしてあげ、敵はひどい目に遭わせて、かつ自分ではそういったひどい目に遭わないようによくよく気をつけている――こうしたことに充分なだけの力を持つこと」(71E)は、メノンが前途有望な男である自分の人生の理想と考え、自分がいま教わって努力して獲得したい、政治に関わる統率力です。それでかれはソクラテスから、そのような男女、年長年少、自由人と召使いといった区別に基づく徳でなく「人間の徳」をずばり答えてほしいとリクエストされ、この最初の答を少しだけ変えて「人々を支配できること」のように言って、自分の第二の答とします（73C–D）。

この答はソクラテスによって、あっという間に反駁されてしまいます。奴隷も子どもも他人を支配するのではなく、支配されたり扶養されたりするので、この規定では一般性が足りません。また、支配できるだけでなく、正しい支配になっていなければ、徳とはみなせないはずです（73D）。しかしメノンの夢は「人々を支配できること」にしかないわけですから、この程度の〈中途半端な一般性〉が、メノンが自分でつかんでいた徳の意味の理解の限界を示しています。

これに対してソクラテスのほうの真に一般的な回答を求める気持ちの強さは、この対話をかれがリードしてゆくとき、もっとも大きな力になっています。最初の「男の徳」や「女の徳」をメノンが答えた場面から、このいわば〈真の一般性〉へのソクラテスの一種の「こだわり」をみてみましょう。まずソクラテスは、そのようにいろいろな属性の、性別や年齢差や身分差をもった人の徳をただ列挙したメノンの答に対して、「徳（アレテー）」ということばがどの程度の一般性をもっているかということ、その一般性のとおりに「徳とは何か？」に答えなければならないことを教えてゆきます。

ソクラテスは初めに「ミツバチ」というハチの種類名をあげて、いろいろなミツバチがいるにせよミツバチはみんなミツバチであり、「ミツバチとは何か？」にも答えられると指摘します（72B–C）。次に、もっと「徳」に似たことばと思われる「健康」「大きさ」「強さ」の三つのことばを例に出して、「男の健康」も「女の健康」も健康なのだし「男の大きさ」も「女の大きさ」も大きさだろう、ゆえに「男の徳」も「女の徳」も徳ではないか、と質問します（72D–73A）。この質問へのメノンの答は、われわれ読者がこのメノンという若者を理解するのに役に立ちます。というのもかれは「少なくともわたしには、なんとなくこの徳というものは、他のそうしたことがらとは、もはやおなじ扱いができないもののように思えるのです」（73A）と率直に言うからです。

ここでわれわれは、メノンが「徳に熱心」であるためにこのような答になったということに、とくに注意する必要があると思います。かれは自分がすぐれた徳のある人になって、国家を統率する者になりたいと思っています。そのためにゴルギアスの教える技術を熱心に学び、上達もしています。そしてそのゆえに、努力によってエリート統率者への道を進む自分と異なって、事実上このような「徳の学び」の適用外である女性や子どもや奴隷は、自分とは「別」であるとしか考えられず、したがって健康・大きさ・強さと徳は根本的にちがっているのではないかと推測しています。

ここには、上昇志向と政治的野望の強いメノン自身の中に、その非常に強い野望と社会の中での上のポジションから見下ろす「格差」の意識ゆえの「理解の壁」があって、その壁のために、このままではメノンは「徳とは何か?」という問いを、一定以上は真剣に追求してくれなそうだということが分かります。

ソクラテスは、ここでいったん作戦を転換します。メノンが男の徳とする「国家をよく治めること」と女の徳とする「家をよく治めること」に共通する、「よく治めること」の「よく」の意味内容は、「正しく節度をもって治める」ことではないか、そして「正しく節度をもって」とは「正義と節度によって」ということではないか、とメノンに質問します。そのように進めてソクラテスは、「すべての人間は、おなじありかたで優れた者である」こと「人々全員におなじ徳が備わっている」こと（73C）

をメノンに呑み込ませます。そこでメノンが出す一般的な答が、先ほど挙げた第二の答、「人々を支配できること」です。

ここでは、形の上ではソクラテスのリードに従っての一般的な答ですが、相変わらずメノンは、心の底で自分をいつも引っ張っている欲求・野望のところからしか、ものを考えていないようです。メノンは一方では「よく治める」ということの内容に、伝統的に重視されている徳目の正義や節度が含まれていて、徳は「道徳」や「倫理」の問題でもあることを認めています。しかしかれはその一方で、支配や統率という、あくまで自分の将来の夢に関係した徳の「理解」も持っています。やりとりを読むかぎり、今のところのメノンは、支配や統率に重点を置く、特別に「政治家的な理解」が勝った答え方をしています。

これに対して、先ほど引いたようにソクラテスは、奴隷や子どもが除外されてしまうということを指摘します。これに続く箇所は、「徳」を主題に選んだために出てきた「一般性の問題」が、初めて全体として明確に説明されるところになっています。

ソクラテスは、メノンが第二の答でいう「支配すること（ができること）」が徳になるのは、「正しく」支配する場合であり、「不正に」支配する場合は、徳とはちがうのではないか、この但書きをつけるべきではないかと、正義や節度などの「徳目」に深く関係した「倫理的な人の高尚な徳の理解」に誘う質問をします。これにメノンは、そのように但書きをつけるべきであると答えます。その理由は、「なぜなら正義は、ソクラテス、徳なのですから」というものです。

「徳とは何か？」が厳密な定義を求めている問いであるとすると、メノンが挙げるこの理由はたいへんまずいものです。二つの点で修正を受ける必要があります。第一に、ただちにソクラテスが指摘するように、「正義は徳である」と単純に言うより「正義は或る種の徳である」と言わなければなりません。正義は徳のひとつにすぎず、節度や勇気や知恵も徳なので、「正義イコール徳」ではありません。第二に、ここからの長い箇所全体でソクラテスは、適切な定義において「循環してはならない」という基本ルールをメノンに分からせようとします。「循環」とは、たとえば徳を「徳」ということばを使って定義して説明することです。あるいは勇気を「勇気」ということばを使って、円を「円」ということばを使って、それぞれ定義することです。円を、「中心からの距離が等しい図形」のように、「円」ということばでない他のことばだけから定義したときに、理解が一歩先に進みます。勇気についても、「勇気」ということばを使わない定義を試みることができます。『プロタゴラス』（360D）の「恐ろしいものと恐ろしくないものについての知恵」や他のさまざまな候補があるでしょう。おなじように、徳をこれから定義するまさにその説明句に、理解されていないはずの「徳」が入ってはまずいので、「徳」とは別のことばを用いて、徳についてのほんとうの発見や理解の獲得に向けてなんとか先に進むような説明を探さなければなりません。

ここでしだいに明らかになりはじめるのは、二〇歳前後の若者としてメノンが受けてきた教育には、目立った偏りがあるということです。強みもありますが、弱点も目立ちます。元気があり押し出しが強く、話がうまく、相手のことばを聞いてタイミング良く鋭く攻撃をしかけることにかけては、弁論術の専門家に直接指導されて技術的に鍛えられているだけあって、よく教育されています。また、名門の生まれも現実の自国の支配者とのとくに親しい関係も、チャーミングな顔立ちも幸いして、将来を嘱望されていることが、対話篇のいくつかの箇所でほのめかされます。その一方で、徳の定義を求めるとき徳を「徳である正義」で説明しようとするといった、そのことについて自分で考えたことがあればしなくて済む、初心者的なミスも犯します。これは、メノンの大人顔負けの堂々とした話し方とは対照的な、内面に隠れた「幼稚さ」ないし「うかつさ」として描かれています。

(三) メノンの第三の答とその問題――「悪いものを欲する」こと

ソクラテスが出してくれた形の定義と色の定義を「見本」のようにして、いよいよメノンはかれの徳の定義を提出します。詩人を引用するという当時の見事な弁論が守るやりかたに基づいて、かれは徳とは「美しい立派なものを欲し、そうしたものを獲得する力があること」であると答えます(77B)。ソクラテスはこの定義を前半部と後半部に分けて、批判的に検討します。

前半部は「美しい立派なものを欲する」という内容です。ソクラテスはこれを「よいものを欲する」ことと言い換えた上で、このことは徳のある人だけがすることではなく、じつはだれもがいつでもやっていることなので、徳をそれ以外のものから区別してくれず、「徳の定義」の部分にならないと反論します。このソクラテスの議論は「幸福」ということに本格的に関係し、「悪いことを欲する行為」を否定するという、ふつうの常識に真っ向から反対する趣旨のものになります。

悪いことやものを欲する行為の一部（後の哲学でこうした行為は、「意志の弱さからくる行為」「無抑制」のように呼ばれるようになりました）は、通常の常識的な理解では、「悪いと知りつつやってしまう」、「よいと知りつつそうしない」のようなことばで表現されます。ソクラテスにリードされたメノンは、よいと知りつつそうしないケースも、悪いと知りつつしてしまうケースも、それぞれ、現実には存在しないという結論を承認してしまいます（78A-B）。これは奇妙で、問題が多い結論です。

意志の弱さからくる行為というのは、「悪いものを欲する」もののはずですが、ソクラテスは、そのようなことはありえないと論じます。まずかれはその「悪いもの」について、行為する人は

（a）よいと考えて欲するのか

（b）悪いということを知っていて欲するのか

という二者択一を考えます。「意志が弱い」とされるケースは、ふつう、（b）のほうです。メノンもそのとおりに、（b）のようなケースが存在すると答えます。これに

対してソクラテスは、そうだとして、その人が悪いものが自分のものになることを欲するとすると、その人はその悪いものが

（b1）有益であると考えて欲するのか

（b2）害があると知っていながら欲するのか

と、ふたたび二者択一を迫ります。

メノンは（b1）について、その場合には「悪いということを知っていた」とは言えなくなってしまい、（b）のケースとも言えなくなるという難点があるというソクラテスの主張に同意するので、（b1）は、実際上は該当する例がひとつもないような選択肢になります。そうすると残るのは、（a）か（b2）になります。

ソクラテスはまず、（a）の場合には、その行為者は「よいものを欲している」と言うべきだと言います。そして、もしそうなら、これは意志の弱さからの行為とは言えず、むしろノーマルな、何の変わったところもないような行為であると言わなければなりません。

いっぽう（b2）のほうはどうでしょうか？　このケースこそ、「意志の弱さ」がもっとも典型的に言われそうなケースではないでしょうか？　しかしソクラテスは、この（b2）さえも中身がひとつもない空《から》の分類箱だと主張します。ソクラテスはまず、（b2）のようなケースならば、行為者は「それら悪いものによって自分が将来、害を受けることを知っている」ことになる、と論じます。さらにかれは、そうだとして、或るものを自分のものにしたときに害を受けて惨めに不幸になることも知っていて、それでもそのものを欲する人などどこにもいないではないかと論じます。これは、「知っている」を強い意味で解釈して、関係する全部ないし主要なことは考慮済みで行為できることであるという意味合いで理解している議論でしょう。にもかかわらずその人は逆の行動を結果的にしたのなら、そうした立派な「知識」をその人に帰するのは、だれでも抵抗があります。ソクラテスの議論はまさにそこのところを衝いているように思われます。

議論全体の評価において問題になることは二つだと思います。第一に、ここで意志の弱さからくる行為が「否定」されているのですが、その結果主張されているのは、「意志の弱さからくる」と呼ばれる行為は、じつはそのようなものとしては存在しないということです。たとえば、甘い物を食べてはいけないしそのことが分かっている人が、そう知っているにもかかわらず甘い物を食べてしまうという、典型的な意志の弱さからくる行為は、ここの議論の結果（a）の「よいと考えて行為する」ような、意志が弱くないノーマルな行為だとされることになります。つまり、ふつう「意志が弱いから」起こったとされる行為を「行為」としては認めるが、それは意志が弱いから起こったとすることのほうは認めないという結論が得られたのです。――このことは、何を意味するでしょうか？

結局、ソクラテスがメノンに同意させたのは、人の行為に関するひとつの固定した分析のしかたであるように思えます。つまり意志の弱さを言い訳にできない、あるいは意志の弱さを言い訳にさせないような人間の行動と行為の見方があって、ここでソクラテスは、あえてそれで通すということをしたように思われます。

甘い物を食べてはいけないと分かっていながら食べる、というケースで考えてみましょう。このケースをこういうふうにことばで表現するとき、食べてしまった人は、意志が弱い行為をしているし悪いと知りつつしているようにも思えますが、しかしその一方で結果的に、自分の意志で甘い物を食べたのです。つまりこの行為の結果から見れば、食べた人は「よいと思って行動した」としか言えません。かれはたとえば羽交い締めにされておまんじゅうを口にほおばらされたわけでもなく、背中にピストルを突きつけられて食べなければ殺すと脅されて無理矢理チョコレートを食べさせられたわけでもなく、またたとえば失神中に無意識に手が動いてケーキを食べたわけでもありません。自分から進んで甘いものを食べるという、ごくふつうの正気で自発的な、「そのつもりの」行為をおこなったのです。ところで、まさにそうしたふつうの行為をおこなって、それについてさらに別の特殊な条件がつくときに、ふつう人々が言うような「意志の弱さからくる行為」になるはずです。ここの議論は、ふつうの行為であることを常識とともに認めておいて、しかしその一方で別の特殊な条件のほうについては常識に逆らって視野の外に置く、という人工的な工夫をしていることになります。その工夫の力で、「意志の弱さからくる」と呼びうる行為の種類は消えてしまったと主張していることになります。

このように行為をみることは、不可能ではありません。甘いものを食べたのだから、それをよいとみなしたのだ、と（少なくともなんらかの意味で）言わなければならないように思われます。宿題をやらなかったのだから、きみは心の中でやらないのがよいと思ったのだと言われたら、たしかにそういう面もありますと答えなければなりません。したがって、これは真実全体ではありませんが、「一面の真実」なのです。

——わたしの考えでは、以上が問題となる第一の点です。第二に、ここでの「よい」「悪い」「有益である」「害になる」ということばの特殊な使い方の問題があります。ソクラテスのリードに従ってことばを理解するかぎり、これらの語彙は行為者本人の行為からみてその行為者にとって「よい」「悪い」「有益」「有害」という意味で一貫して使われています。

たとえば、猫の行動を観察するとき、猫がどう動くか、猫の心が猫をどう動かしたかということだけに注目して観察することができるでしょう。そのような観察でわれわれは、猫が煮干しのにおいを感じて、においとともに快を感じて、それに引かれてえさ箱の煮干しに飛びついた、というように言うことができます。同様に人間の行動について、何がその人の結果としての行動を導いたかという観点だけから、その人にとっての善悪や益と害を問題にすることができます。ここでは観察されるのは、猫ではなく、人間なので、「快」と「苦」は前面に出てくる主題ではありません。われわれはここでは、その人が「よい」としていることと「悪い」としていること、その人にとっての益と害をこのような観察で問うことになります。ソクラテスは、「動かすもの」に焦点を合わせた、このような人間の行動の「純然たる観察者」としてわれわれが思い浮べることばの意味で通して考えるように、メノンを促したのだと思われます。「意志の弱さ」は行為の種類をあらわす、とわれわれは日ごろ考えています。こう考えるときにはわれわれはかならず、ソクラテスのここでの言葉づかいではない理解で、善悪と有益・有害を捉えているはずです。「結果の行動に結びつかないようなよさや悪さというものの理解」があるから、甘い物を食べるのはわたしには「よくないこと」だったのに、しかもそれを知っていたのにあのとき食べてしまった、というふうに考えているはずです。そしてこの発想法を全員共有しているから、だれもが「意志の弱さ」に関しては、自分のこととはいえ困ったことで何とか避けたいとか、少しは減らしたいと感じているように思えます。

それでは、以上二点の人工的な手段を使って「意志の弱さ」にあたる行為を消したということは、ソクラテスの（あるいは著者プラトンの）どのような意図をあらわしているのでしょうか？　まず、人の心は、人の行動によってしか語れないという結果になります。そして、もしこの結果を受け入れなければならないとすると、メノンの持ち出した徳の第三の定義は、それだけでたしかに致命的な打撃をこうむることになります。「美しい立派なものを欲すること」も「よいものを欲すること」も、行為をするだれでもがやれていることになるからです。ことばや心の中の思いに含まれる「そうすればよかった」や「そうしなければよかった」ではなく、現実の行動だけがその人自身の優劣とその人の幸福観や倫理観の優劣を語りうるという話になります。

　そうすると、このソクラテスの議論は、メノンの徳の定義「美しい立派なものを欲し、そうしたものを獲得する力があること」全体に対して、どのような批判をしたことになるのでしょうか？　徳の定義において〈徳〉と〈徳でないもの〉を分けてくれるはずのメノンの「よいもの」「美しく立派なもの」ということばに攻撃の照準が合っていることは、明らかです。事実としてすでにおこなってしまっている行動から離れて、だれかが「自分は、他の人が目指さないよいものを目指している。そして自分には、生まれつきの素質も苦労して身につけた力も両方そろっていて、それをわがものにする〈実力〉があるのだ」と単純に言い張ることはできない、またそう言い張るからといって徳があるとは言えないという結果になります。たとえば、メノンが、「自分は他の連中が目指さない大いなるもの（高位の要職、最高の名誉、巨万の富など、一般に凡人が夢見ることのないスケールの繁栄）を目指している。そしてそのための力もあるから有徳だ」と言い張ることはできないことになり、かれの「夢や理想や願望を雄弁に語ることば」よりも、足下の、もっぱらかれが実際にやっていることに注目しないと、かれに「徳」があるかないかは判定できないことになります。――しかし、メノンの使うこれらのことばについて、定義の後半部「そうしたものを獲得する力があること」に対する次の章句での攻撃でも批判がおこなわれ、その批判はもっと本格的で、完全に破壊的です。そこで、後半部をみてから、前半部の議論の意図についても一緒に最終的に推理することにしたいと思います。

（四）メノンの定義の「循環」

メノンの第三の徳の定義の後半部は、「よいものを獲得できる」こと、あるいは「よいものをわがものとする力がある」ことのように表現されます。まず、ソクラテスはメノンに、「よいもの」として何を考えているのかを聞きます（78C）。この辺りから『メノン』の議論は、もっとも中心の部分に入ります。メノンは、「よいもの」

とは健康、富、金銀、国家における名誉と要職を獲得することであると答えます（こうしたものを「わがものにする」ことが「徳」であるということは日本語訳で読んでいると場違いのような気がしてしまうのですが、はじめに書いたように、政治志向の人々にとってギリシャ語の「アレテー」は（少なくとも部分的に）こうした内容を指すものとしても使えることばでした）。

ソクラテスは、金銀をわがものにするとしても正義や敬虔や節度を伴うか否かで差があるだろう、正義、敬虔、節度を伴うときのみ徳なのだろうと質問して、メノンの賛成を得ます（78D）。逆に、金銀をわがものにすることが不正なら、わがものにしないことが徳であるという点も認めさせ、金銀の獲得ということにかかわらず、正義や節度その他の徳目を伴う行為が徳であるという結論を得ます（78E–79A）。

ここで、以前よりひそかに問題であったメノンの弱点が、ようやく公式の主題とされます。（二）のところで、徳に関するメノンの話しぶりには、強いところと弱みとが、両方極端にあらわれていると指摘しました。正義と徳では、徳のほうがより一般的なので、正義は「徳（とイコールのもの）」でなく「或る種の徳」でなければならないという点を修正されたほか、かれは徳の定義の中で「正義」ということばを使い、しかもその「正義」は徳をあらわすというふうに、徳を「徳」ということばで説明しようとするという「定義の循環」の大失敗をしそうになりながら、それに気づかずに無邪気に答えていたからです（73D）。その時にはソクラテスは、この点にふれませんでした。かれはそのときはいわば「見て見ぬふり」でしたが、定義が示された今回は、正面からこの点の不足を指摘します。形と色の定義では相手のメノンのわがままに耐えて大変なサービスをしたということもあるので、ソクラテスの言い方には、いくぶん怒気のようなものも含まれます。「さっきわたしのほうできみに、徳《アレテー》をばらばらにしたり、切り刻んだりしないように求め、その上、手本としてきみが答えることができるような『見本』まで、与えてあげたではないか。それなのに、きみはこれを無視したばかりか、徳《アレテー》とは、『正義を伴って』よいものをわがものにすることができることだ、などと言っている。ところがこの『正義』は、きみの主張では、『徳《アレテー》の部分』のことなのだ」（79A–B）と言って、メノンは自分に対して「ふざけている」と非難します（79A）。そして、まず徳の全体を、「徳」ということばを使わずに定義して、その後で正義や節度などの、徳の「部分」を説明しようとすべきだ、と言います。あくまで「徳とは何か？」から始めなければならないので、もう一度この問いに答えるように、メノンを促そうとします（79B–E）。

メノンはこの促しに反発して探究に嫌気がさし、破壊的な「探究のパラドクス」と呼ばれる議論をソクラテスに対して出すことになります。そこからこの対話篇は「あれよ、あれよ」という間に、次々と哲学の大問題を論じることになります。そこからがいわば本番とも言えますが、その直前のここの箇所でメノンの第三の定義がどうなったのかみておくことが、これからの「本番」の議論を追う上でも役立つことだと思います。

メノンの定義の前半部「よいものを欲し」は、意志の弱さを否認する議論で〈徳〉と〈徳でないもの〉を分ける力をもたないとされました。したがってここでは二人は、後半部「よいものをわがものとする力があること」が徳の定義として通用するかを調べています。メノンの言う「よいもの」、つまり成功や繁栄を象徴する財産や地位や名誉は、それを得るだけで「徳がある」とは言えないようなもので、ここには「よいものの得方の問題」が含まれます。そしてさらに、じつは得方こそがすべてであって、そこに正義や節度や敬虔があらわれていれば、いわゆる「よい」ものを得られようがそれを得ることを断念しようが徳であり、そうしたものがあらわれていなければ、これも結果としてよいものを獲得できるかできないかにかかわらず、徳でないということになります。

正義や節度などの「徳目」があれば徳ということですから明らかな「循環」ですが、いっけん循環していないようにみえた元の定義から、なぜ循環という重大で恐ろしい結果が生まれたのか、詳しくみておく必要があると思います。見込みちがいは、どこで起こったのか？――提案者メノンの期待としては「よいものを獲得する力」という表現に、事柄を「徳」側と「徳でない」側に分けてくれる力があると思っていたのだと考えられます。この期待が、無惨にも裏切られたわけです。メノンは常識的に「よい」ものならばあれやこれやそれだし、それを「獲得する力」ならおおよそこういう条件の力だということは決まっていると自分で思ったので、それでこの定義を提案したのだと思われます。

問題の焦点は、なかでも「よい」ということばに絞られると思います。ソクラテスのおこなう反論は、「よいもの」とされる財産を得るのは「よい」ことだと一律には言えず、正義や節度や敬虔にかなった獲得という隠れた真の条件が〈徳〉か〈徳でないもの〉かということを決定する要素であるという議論だからです。そしてじつは、

「よい」ということばがそのことばに対する期待どおりに何かを明確に分けてくれるとはかぎらない、ということの議論には、あとの第三章にこれとよく似た重要な箇所があります。それは「仮説」という方法を使った議論とされるものの一部ですが、いまその内容にだけふれて、メノンによる徳の定義の最終的運命を推理してみましょう。

　ソクラテスはそこでは、財産や強さや美など、いわゆる「よいもの」は、人の心しだいで「よいもの」にも「よくないもの」にもなり、心の中に備わる人の「徳」は、それが知識や知性のようなものであるかぎりほんとうの徳であり、「よいもの」であるという議論を、メノンに納得させます。ソクラテスが言いたい最終的な主張は、知識と離れた別の「よいもの」など存在しないというものです（87D）。ソクラテスは循環を導く議論とよく似た、「有益なもの」に関する説明をします（『メノン』のこの辺の議論で「有益」と「よい」は、ほぼおなじ意味で扱われます）。「われわれは、健康、強さ、美、それに何といっても富のようなものを、有益だと言っている」（87E）と、第一章のメノンの「よいもの」の理解に似た理解を確認した上で、おなじ「有益な」ものが場合により有害になることがあるという事実を確認します。そして、「正しい使用に導かれるときにはためになるが、そうでないときには、有害になってしまう」

(88A)と言います。この「正しい使用」を、人はまず学ばなければならないということになります。学んでできた力は心の力ですが、ソクラテスはここで、心の力としての徳がほんとうに「よいもの」であるための条件も存在すると言います。つまり「勇気」が知でなく、或る種の「元気」のごときものであるとすると、「人が知性なしにただ単に元気を出すという場合には、害をこうむるが、知性を伴って元気を出す場合には、ためになり有益」であるというわけです(88B)。

ソクラテスはここでは、「勇気」や「節度」という徳目をあらわすことば、の使い方について、自分の考えを示しているように思われます。或る使い方では勇ましければ、あるいは元気があれば「勇気」ですが、しかしそうだとすると、元気のあまり無茶をやって意味もなく自分の命や健康を失ったり、まわりの人に乱暴したり迷惑をかけたりするのも一律に「勇気」になってしまうので、この使い方では勇気が称賛される徳であることは、押さえられていません。押さえられるときには、勇気が「知的に賢いもの」でもあるという条件を伴うはずです。つまり、外のものを「よいもの」とするような心の中の「よいもの」でなければならず、それは、財産や外見のよさや強靭な体力などの「外」のもののことを「知っている」心の力であるかぎりで可能になっていると思われます。

この程度の簡単な一瞥でも、メノンの第三の定義がけっきょくどうしてだめだとされたのかが分かると思います。メノンは徳を定義する際、「よいもの」は範囲が前もって客観的に確定しており、それを心から求めて獲得することができる力のところにみられる差異や差別が、〈徳〉と〈徳でないもの〉を分けると考えました。ところがソクラテスが最終的に示したところでは、「よいもの」（と呼ばれているもの）がほんとうによいものであるためにはじつは隠れた条件があり、それが一人一人の心の力としての徳なのですが、この徳は本人の認識に影響を及ぼして、徳がある場合には事柄を知ることができているが、ない場合には事柄を知ることはできていないということになります。つまりメノンが「よいもの」としていたものから論じることができなかった厳密な理由は、メノンの眼の付け所がそもそもずれてしまっていたことにあり、（より）徳のあるAさんには「よいもの」の財産や美貌がよいものであっても、（それより）徳のないBさんには「よいもの」とされるそうしたものが宝の持ち腐れとなるか、害となるものでさえあって、それで身を滅ぼすかもしれないということになります。つまり、そもそも徳がない場合、行動のしかたと認識のしかた自体が最初から徳がある場合と異なってしまっているので、さまざまなものの「みえかた」自体がゆがんでしまっており、そのためにメノンのように「客観的なよいものとその獲得」をはじめから言いだすのは、もともとナンセンスなのだとソクラテスは考えているのです。

ここで、(三)で扱った第三の徳の定義の前半部に反対する議論において「意志の弱さからくる行為」はなぜ否定されたのかということも、分かると思います。意志の弱さは、われわれの「心の中」のことが原因となるような、非常に特殊な〈不合理性〉です。そこでは自分のことが原因でうまくいかないことが問題で、われわれのことばと行動、思いと行動が「ずれる」ということが問題です。したがって心や行為や合理性や人間の自然本性を語ろうとするとき、意志の弱さの問題は或る意味ではもっとも説明を要するような最重要の問題なのです。そして、ここから解釈としては、意志の弱さを否定し去ろうとするソクラテスや著者プラトンの議論には問題があり、その問題点はどのような過ちから出てきたのか、という形で議論するのがふつうです。――しかしわたしは、このようなふつうの解釈は、おもに事柄それぞれの「重要度の認識」の点で間違っていると思います。たしかに意志の弱さというわれわれの不合理性は重大な問題なのですが、ここでのソクラテスは、それよりさらにはるかに重大な、「人間の力」をみる基本的な見方の問題に取り組んでいると考えるからです。すなわちメノンは政治の実力こそ徳だと考え、その徳を弁論や雄弁や論争のたくみさのところに見ようとしています。ソクラテスはここで究極的に、そのようなメノン流の「力の見方」そのものが、まったく間違ったものだと示さなければなりません。このことのためには、力に関わりのない「言い訳」という一定の「ノイズ的情報」を捨ててでも、だれが、どのような条件でほんとうに力があるのかを、示す必要があったのでしょう。ソクラテスによれば、力は、その人の行動の結果にあらわれます。ここではかれは、この考え方に従って、力のおおまかな分布を、行動のほうから統一的に見るすべを自分の側で提唱しなければならなかったのだと思います。これが、行動にあらわれるかぎりでの「よさ」への荷担です。意志の弱さの行為を、もっぱら「してしまった行為」のところで見てゆくということは、その人の言い訳としての「ほんとうは考えていたこと」をすべて無視し、当人の申し立てをこのかぎりで引き算して、申し立てよりやや低めで実力を測ってゆくことです。こうすると細部はともあれ、その人の「結果における実力」はわかります。そして、これと同時に、われわれの日ごろおこなう正真正銘「道徳的」と言えるような行為は、政治の世界の「はったり」や雄弁の力とはちがった、行為者が培ってきた真の知的実力にもなっていて、それでその行為者の行動を内面で支えていることがわかります。なお、意志の弱さの問題は、『メノン』以後に残される、重要な「宿題」ということになります。

二　第二章の議論

(一) 探究のパラドクス

メノンが提出する「探究のパラドクス」と呼ばれる短い議論は、『メノン』で解釈がもっともたくさん出ているもののひとつです。ここからこの作品はそれこそ哲学的な「宝玉」が次々に出てくる面白い展開になります。メノンがこのパラドクスを出すのは、定義の循環に陥った自分がソクラテスから初めからやり直しを指示されて、ソクラテスのことを海のシビレエイにたとえ難問で苦しめていると苦情を言った際、ソクラテスが、自分も知らないでいて自分自身難問に苦しんでいるからこそメノンのような相手をも難問で苦しめるのだと説明するからです。これを聞いたメノンは、すぐに次のように言います。

それで、ソクラテス、あなたはどんなふうに、それが何であるか自分でもまったく知らないような「当のもの」を探究するのでしょうか？　というのもあなたは、自分が知らないもののなかで、どんなところに目標をおいて、探究するつもりでしょうか？　あるいはまた、たとえその当のものに、望みどおり、ずばり行き当たったとして、どのようにしてあなたは、これこそ自分がこれまで知らなかった「あの当のもの」であると、知ることができるでしょうか？（80D）

メノンはたぶん、ゴルギアス流の論争的な議論の練習を踏まえて、このような攻撃をしていると思います。メノンが言うこのパラドクスと、探究の対象を知っているならばもう探究の必要がないというもうひとつの場合を加えた、ソクラテスが次に述べる別の形のパラドクスが出され（80E）、これらに対してソクラテスが出す答が「想起説」です。

つまり、もともとだれもが生まれる前には知っていたことなので、それを人はいま想い出すことができ、したがって探究できるという答が「想起説」です。かなり風変わりな答え方で、言っているソクラテスも宗教に詳しい人々に由来する神秘的な教説であると認めていますから、これは探究のパラドクスそのものへの答ではなく、なにか別の意図で導入された説だという解釈もあります。しかし話の流れから、探究のパラドクスが出されたので、それでそれへの対応で想起説が説明されているという直接の結びつきがあるのは、まちがいないとわたしは思います。では、何がどうなって、この教説を提出することになったのでしょうか?

まずメノンが「パラドクス」に訴えてソクラテス攻撃に出た動機をみてみましょう。メノンにとって「知る」ということは、だれか「知者」がいて、その人から、ちょうど高いところから低いところに水が流れるようにして、まだ知らない人も教わって知るようになるという、「伝わってゆく」というイメージで捉えられていると思います。この考えがあるからメノンは、自分がいま話をしているソクラテスが「徳を知らない」と申し立てた瞬間に、間髪をいれずに「パラドクス」による攻撃を開始したのだと思われます。

次に、右に引いたパラドクスの文面から分かることは、メノンが、同一指定の問題として「知ること」を捉えているということです。たとえば或る人をまったく知らない、つまりその人として同一指定（identify）できない場合、その人をおなじ人として追跡することも、いったん視界から姿を消した後でその人が視界に現れたときに再認することもできません。会ったこともなく情報がなにひとつ与えられていない人「について」、われわれが何かをおこなうことは不可能です。また、たとえば、徳を同一指定できないという意味でまったく知らないという場合、われわれは「徳」という〈ことば〉や「徳」の主観的〈観念〉をもっていると言っても、だれとだれはどのような共通特徴に基づいて「実際に」徳があるのか、どのような徳目が徳の「ほんとうの」種類であり、どのような徳目は「みせかけだけ」で徳「もどき」なのか、どのような条件のもとでおおむね立派になった若い人は「現に」徳を持ったと言えるか、どのような条件の逸脱的新事実のもとでひとは徳の帰属を「客観的・絶対的に」否認されるにいたるのか、厳密にはいっさい言うことができません。同一指定不能のゆえに全員が暗闇の中で「手さぐり」しているだけの、このような「徳が何であるか、まったくぜんぜん知らない」場合に、われわれは徳について探究「し始める」ことさえできないはずです。徳についてソクラテスと自分がいま陥っている状態はまさにこれであって、手がかりがなにひとつない以上、「徳とは何か?」の答など探せないし、かりに徳はこのようなものだと、たとえ「当たり」の答を自分が言ったところで、それが正解であって知識をあらわすような答であるという評価はソクラテスも自分もくだせない、ゆえにこのような探究をおこなうことは成果が上がる見込みがまったくなく、ばかげているという趣旨です。

パラドクスが出されても若い人が精勤をやめず怖じ気づかないようにする必要がソクラテスにはあったということが、重要なことであると思います。これだけ徳のことについていろいろ考えて徳の問題を正面から追求しているソクラテスが徳についてまったくの無知であるということは、かれに関してありませんから、ここでは、もう探究できないといったんあきらめの境地になってしまったメノンの「心理」が問題です。しかしそれでも、ただ単に心理だけの問題、とも言えないということが重要であると思います。だれもがもつごく自然な心理として探究への嫌気が出ることが問題である以上、この場合は事柄としての対処も必要なのです。ここで陥る心配があったのは、現状で有名なソクラテスを含むまわりのだれも知らないことについて、永久にだれも知識には到達できないのではないかという疑念やあきらめなので、事柄として必要なのは、だれひとりまだ知らないことについてだれもが向上でき、しかも単に漠然となんらか向上するというのではなく、「知識として」ないし「知力面で」向上することができるという点を独立に確保しておき、そうすることで学びへの意欲と勇気を保持することであるように思われます。一言で言って「知識を語る」ことが、ここで適切なのでなければなりません。想起説は、ふつう人が「誕生」と言っているものの前にすでに自分にあった知識の回復というメッセージを含みますから、現実にもその要求をもっともストレートにかなえる方向で進行しています。

このことはメノン相手にこのタイミングでソクラテスが試みるべきことでした。メノンは純粋培養に近い育ち方のために、「知っている人」から「教えてもらえる」ことに敏感で、教わりたい、覚えたいという面では貪欲な人です。そのメノンに、百パーセント方向を変えて、教えてくれる他人を探さなくともきみ自身のなかに知にいたるだけの力があるということを、まじめに正面から説得することが、いまは必要になっています。

また、プラトンが想起説をこのタイミングで用意したことは、メノン以外の、探究に向かうかどうか迷いの出そうな人に対する効果も考えてのことでしょう。ソクラテスの倫理問答がいつもきまって否定的結末で終わるということの心理面での影響は、かれのまわりの人々の間で現実にあったと思われます。メノンなみではないにせよ、典型的にソクラテス的な徹底的論駁・反駁を食らった若い人が抱《いだ》く自然な「フラストレーション」を、逆にどう昇華させて、探究への積極的意欲が前面に出てくるように局面を一気に打開するかという問題が存在したと思うのです。そのような「いっさい教えてあげないで〈批判〉だけする」ソクラテス的な「教育」自体の正当化をおこなう場面をプラトンが設定したということであるように、わたしには思えます。次に想起説の説明に進んで、プラトンがおこなう正当化の評価を試みながら、パラドクスの運命をみてみましょう。

(二) 想起説と神話

想起するということは「記憶をたどる」ということのはずですが、ソクラテスが神職の人々から聞いたとする想起の説では、(ふつう「記憶」を問題にすることがそもそも無意味な) 生まれる前のわれわれの経験が問題です。これはピンダロスの詩の一節の引用に頼って説明されています。ピンダロスのいまは失われた作品の一節に、冥府の女王ペルセポネの過去の悲哀とその解決というモチーフのものがあり、そこで人間どもの祖先がむかしなんらかの理由でペルセポネを悲しませ、そのために罰がくだったが、やがてそのような「原罪」からの部分的解放がなされたとされます。

ソクラテス自身の解説で、ピンダロスと神職の人々の権威に訴えて、魂の不滅と「生まれ変わり」がまず押さえられ、魂は「この世のことでも冥府のことでもあらゆることがらをすでに見てきたので、魂が学び知っていないことは何もないのだ。したがって、徳《アレテー》についても他のさまざまなことについても、なにしろ魂が以前にも、知っていたことなので、魂がこれらを想起できることには何の不思議もない」と言います（81C）。これはまだ、学習とは「想起」であると、単に宣言しているのにひとしいせりふです。想起に訴えるほんとうのポイントはこの次のソクラテスのことばであるとわたしは思います。

なぜなら事物の自然本性はすべて同族であり、魂はすべてのことを学び知っているので、人が或るたったひとつのことでも想起するなら――このことを人間どもは

「学習」と呼んでいるが――、その人が勇敢であり、探究を厭わなければ、他のすべてをかれが発見することには何の妨げもないのである。というのも探究することと学習することは、けっきょく全体として、想起することに他ならないから。

(81C–D)

ここに、「探究も学習も想起である」と言うことに含まれる最重要のことが述べられていると思います。すなわち、単にひとつの学習項目を理解するということも例外的・周縁的にはあるかもしれないが、学習は基本的にひとつの項目が分かればそれに応じてその項目に直接関係する項目も分かるような、そうした「芋づる」の構造をもっている。このことは、われわれが生まれる前にすでにすべて知っていて、その知っていたことをいま取り返しているとしか、説明できないようなことなのだというわけです。メノンは「ひとつひとつ覚える」学習こそ基本的であると思っているはずですから、これがもし正しければ、メノンにとって、学びに関する自分の大前提を覆すような一大「改心」を可能にすることになります。

「事物の自然本性」と訳したのは、ギリシャ語の「フュシス」です。ギリシャの文物にあこがれた古代ローマ人は、ギリシャ語のこのことばを翻訳するために、母語のラテン語から「ナートゥーラ（natura）」を宛てました。やがてそこから、近代語の英語の nature や、それに類する各国のことばが生まれました。日本語の「自然」にあたる意味内容も含みますが、ものやことがらに内在して、そのものを支える「本性」「本質」のニュアンスが強いことばです。「徳のフュシス」は「『徳とは何か？』への答」であると言えますし、「人間のフュシス（= human nature）」といえば、「『人間とは何か？』への答」のことであると言えます。さまざまなものの「何であるか？」という問いを、ソクラテスが倫理的徳目や価値について探究し始めたようにだれかが探究してゆくとき、最終的に、問題にしている複数のことがらの理解は、芋づる式に、あるいは数珠つなぎに得られるはずだ、なぜならこうした問いへの答は、ひとりひとりの人間のいまの人間身体における「誕生」以前の〈本来の高貴な状態〉において、すでに知られていたものだから――想起説は、ほぼこのようなメッセージであるように思われます。

説明が神話的なので、この箇所から厳密な主張内容を取り出すことには、おのずと限界があります。しかし、だれでも見て取れるこの想起説のメッセージの特徴は、まず、知識あるいは学問（エピステーメー）を、ばらばらの個別項目における事実の知識とみずに、知られることがらの領域全体の「理解（understanding）」としてみていることにあると言えるでしょう。そして領域全体の知というものは、生まれた後で学ばれてきた個別の項目の知をいくら足しても得られないから、「それ以前」に、しかも「全体として」すでに把握されたものであり、われわれはその全体性を学問の学びにおいて回復するとともに、その学問的知識の脈絡に、生まれ落ちた後のわれわれは個別的項目の部分的経験を、いわばはめ込んでいるのだ、と考えているように思えます。このことの証拠は、『メノン』の中では、いま引用した想起説の「事物の自然本性はすべて同族」のほかに、想起には想起の、確定した「しかるべき順番」があるというソクラテスの発言（82E）を挙げることができます。

　そして、これよりもさらにはるかに重要な証言として、第五章の知識と正しい真の考えの区別を論じる箇所も、想起説の主張の背景にあるプラトンの知識像を知るための、よいヒントになっています。ソクラテスは、知識はただの〈正しい考え〉とちがって、原因の推論という「縛り」が入っているものなので、それで〈正しい考え〉よりはるかにすぐれていると言いますが、その説明の中に、想起説とのつながりを中し立てる但書きが付いています。

つまり正しい考えもまた、或る程度の時間留まっていてくれる場合には、立派であり、あらゆる優れたよいことを成し遂げてもくれる。しかしそうした考えは、長期間留まってはくれないで人間の魂から逃げ出してしまうので、したがって人がこれらの考えを「事柄のそもそもの原因にさかのぼって、その原因から考えて」原因の推論によって縛りつけてしまうまでは、たいした価値はないのだ。そしてこれが、親愛なるメノン、以前われわれが同意したところでは、想起なのである。だが、いったん縛られたならば、それらの考えは初めに知識になり、しかるのち、安定的に持続するものになる。（97E–98A）

この箇所を理解することは、「知識」に関する現在のわれわれのイメージを明確に表現することで可能になると思います。エピステーメーというギリシャ語の「知識」は、ここの説明では、原因にさかのぼって考えたうえで、原因からの推論結果として内容を導き出したものなので、その点でただの〈正しい考え〉とはちがっていると言えると思います。

たとえば、銀座から横浜駅への道を尋ねられて、実際にそこを通ったことがあるという意味で知っている人が、現実の知識の証拠となるような根拠からここをこう通ってそこの角を右に曲がって一〇〇メートル前進して、というようにぜんぶ言えるとき、その人の道案内は知識に基づいています。同様に、数学で三角形の内角の和は二直角に等しいことを或る人が知っているときに、その人は「原因から説き起こして」このことを証明できるはずです。つまり平面幾何学の公理や定義に基づいて、実際に正しい手続きに従って三角形の内角の和が二直角に等しいと、数学的に証明できるのでなければなりません。

いっぽう、幼少のわれわれが親の知り合いのずぼらな数学の先生から「三角形の内角の和が何度か知りたいんだって？　今、ぼくは忙しい。それに面倒くさいから、きみには結果だけ教えてあげよう。一八〇度だよ。つまり直角二つ分」のように言われたときのことを考えてみましょう。われわれはこれを聞いたからといって、数学的に「三角形の内角の和は二直角」と知ったことにはなりません。われわれは定理を自分では証明できないからです。しかし聞いてしまった以上、なんらかそのことを知ってしまったとは言うべきです。

　数学的な学問的理解に基づかなくとも、数学の先生から聞いた「三角形の内角の和は二直角」は知識です。このような場合に、知識は原因にさかのぼって、そこからの推論を経て得られたものではありません。したがってこの知識把握は、『メノン』でプラトンが問題にする、エピステーメーとしての知識の把握とは異なるものです。やや専門的な言い方で言うと、原因の推論がなくとも、正当化（justification）があれば知識（knowledge）であるといえると考えられています。数学的に証明できる意味で「三角形の内角の和は二直角である」ことを正当化でき、知ることができますが、「権威」としての先生から聞いてそうだと知ることもできますし、「公器」である新聞や、「定評ある」事典に書いてあるのを読んだとしても知ることができます。

　メノンは、このような広い意味での、つまり伝聞情報における正当化を含むようななんらか広い意味での「正当化」があれば、それだけで「知識（knowledge）」と言えるタイプの「知識」に慣れ親しんでいます。原因推論を要する、理解（understanding）ないし学問的理解の意味での本格派の「知識」のほうには、まだなじみが少ないと思われます。このことは、ソクラテスが徳を知らない、ないし「徳とは何か？」を知らないということを、（すでに冒頭の71Bでソクラテスはそのようにメノンに言ってあったのですが）だめ押し気味に申し立てた瞬間に、メノンが探究のパラドクスによるソクラテス攻撃に転じたことの大きな理由です。「知らない」と明確に言って「権威」であることを最終的に放棄したソクラテスのような人間には、権威から知識を引き出せればそれで自分も知りうると思っているメノンの側では、「もはや用はない」ということでしょう。

いっぽう、ソクラテスがこのパラドクスをつきつけるメノン相手に、最初にしなければならないのは、こうした「知識」のイメージ自体を変更させることであると思います。はじめにそれをしないと、一言で「知らない」と言ってもそこには豊かな程度差もニュアンスのちがいも隠れていて、そうした無知ということに含まれる一定差こそが世の中でいうような「徳がある」と「徳がない」の間、あるいは「倫理が分かっている」と「分かっていない」の間の実質的な差であることも、次にメノンや他の事情に詳しくない人々に納得させることができないからです。

ソクラテス自身は、「きみは徳とは何であるか（あるいは、勇気とは何であるのか、節度とは何であるのか、正義とは何であるのか）知っているのか？」のように問われるならば、きまっていつも「ぼくはそれを知らない」と答えます。これはソクラテスが、例外のない運命として迷いと愚かさがつきまとう「一個の人間」にすぎず、神々の同類ではないため、一生の間努力してよりよく知りたい、より有徳でありたいと自覚的に努めていなければ自分の知性と道徳性を高い水準で維持することもできない、という事情によることだと思われます。にもかかわらず、かれがまわりでいちばん力がありまわりでいちばん徳があるということは、可能です。そして、かりにそうなら、ここでのまわりの人間とのソクラテスの差は、「差」としては、人間であるわれわれにとってこれ以上意味があるものはないくらい大きな差であると言わなければなりません。

このことをメノンが理解するには、知識のイメージを一新する必要があり、そのために対話者ソクラテスが用意したのが想起説であるとわたしは思います。しかし、ここまでの想起説の神話的な説明では、「正当化に基づく知識」の把握に固執せず、知識の「理解型把握」のほうを採用すれば、それだけでも――まさに過去の自分の経験の想起という、文字通りの想起についてはふれなくても――「探究のパラドクス」で若者が探究を断念することに歯止めをかける説明をすることが、できているようにも思えます。『メノン』の想起説の説明は、以上でふれた神話的説明に続いて、ソクラテスが幾何学をまったく知らない召使いの少年と実際に対話して少年が自力で難しい数学問題を解きそうになる過程の例示を含んでいます。この実演の最後の部分で対話者ソクラテスは、少年の発見の過程を想起の過程として描写すべきだと論じます。そこでこの箇所を検討して、プラトンが想起説を申し立てるにいたった動機を推測することにしましょう。

(三) 少年との対話

想起の「実演」としてメノンの召使いの少年とソクラテスがおこなう対話は、いろいろな面で興味深い箇所です。ここでは、与えられた正方形の二倍の面積の正方形を作図するという幾何学問題が取り上げられます。ギリシャ語を母語とするというだけで、初等教育に当たる特別の学習歴がない下層の少年相手にソクラテスは、だれでも重要な事柄を想起によって学んでいるのだと実証しようとします。

この問題の扱いは、次の二つの特徴をもっていると思います。

第一にこの問題は、幾何学の問題としてはそれほど難しくありませんが、代数学の問題としてみると高級な問題です。なぜなら二倍の面積の正方形は、もとの正方形の一辺の$\sqrt{2}$倍の長さの辺をもち、代数学で言えばここに無理数論が入ってこざるをえないからです。幾何学の問題であるので、この点の事柄としての難しさは、もっぱら「補助線の引き方」のところに集中してあらわれます。この点から、想起説のための材料としてこの問題が選ばれていることが、一部説明されます。

第二に、ソクラテスはまさにその補助線がまだ引かれていない状況で、少年が「二倍」や「一・五倍」とありそうな答を当て推量で答えては失敗する「難問・困惑・アポリア」的様相がいかに重要であるかということに強調点を置いて、メノンの目の前で少年相手に実演してみせていると思われます。したがって徳や、他の哲学のいろいろな話題において、この難問段階とそれから解放された段階をどのように対応させることができるかということが、われわれの興味を大いにそそるところです。

少年は一辺二フィート、面積四平方フィートの正方形の二倍の面積の正方形の一辺を、はじめ四フィートと答え、ソクラテスにていねいにそれが四倍に当たる十六平方フィートの正方形の一辺であり、誤りであることを示してもらいます。納得した少年は次に、それなら三フィートであると答えて、この場合には面積は九平方フィートになるのでそれも正解の八平方フィートではないということを理解するように仕向けられます。対話篇の対話はここからすぐに適切な補助線が引かれた状況に移行しますが、実際の教育現場ではここからまだ、さまざまな誤答の試みがなされることでしょう。理想的にはこの少年も、おなじ課題に取り組む古今東西の他の少年少女も、けっきょくもとの正方形の一辺をわかりやすい倍数で延ばしてもぜったいに永久に正解には至らないことを、全員いつか思い知る必要があるでしょう。――そもそも正答は無理数倍なので、学習者が簡単に思いつくようなどんな「それらしい有理数倍」の答も、正しくありません。学習者はこの種類の取り組みそのものからいちど解放され、角度を変えてものを見ること自体をあれこれ試みるようになる必要があります――その上で、小中学生の頃われわれもやったように、自分で図形を描いていろいろ眺め回しながら、最後に、意外なことに、たまたま見方をまったく変えて対角線を引いてみたときにすべてが解決するということを、自分でなんとか発見してゆくことが、ノーマルな学習であると思われます。この過程で学習者は、自分で補助線を引いたときに起こる「ものの見え方《アスペクト》」の全面的な変化を味わうことが望ましいと言えます。そのときにはそれまでまったく解答不可能であったことが、一瞬の理解のひらめきとともにあっという間に解決してしまうからです。

このことは、『メノン』の本線の議論である徳の話題と「探究のパラドクス」の解決にも、ただちに結びつく可能性のあることだと思います。もしこれとおなじく、「もとの正方形の一辺の長さのわかりやすい倍数を求めようとすること」に類することを、「徳とは何か？」という別の問題への取り組みにおいてメノンが試みていたのなら、ソクラテスがメノンの出す答を反駁し続けたことは、考え得るなかでもっとも有益で建設的な学習支援であったことになるからです。そうなら、メノンは今の自分のやりかたではぜんぜんだめだということを自分で思い知るべきです。そして、そこからこの問題への適切な「見方」を探すという、「他人から教わること」がそもそも不適切な、完全自力による骨の折れる作業をしなければなりません。

第一章の範囲で、徳に関するメノンの「学習段階上の、絶対的な低さ」は、ひとつの徴候としては、徳は勇気や節度を伴う行為や営みなのかどうかという「倫理的な観点」が議論の過程でつい忘れられやすいことにあらわれていました。しかし、第一章の議論が教えてくれる低さは、むしろ徳に関わるメノンの「普遍的なものの軽視」あるいは「現実世界のものを、自分個人の固定的現実から離れて考察できるような知性・想像力の不足」という、知的な弱点として表現するほうが適切でしょう。要するに、或る種の「頭の固さ」「がんこさ」が弱点です。第一章最後の循環の議論が教えるところでは、これは、メノンが「よいもの」をだれにでも意味が定まったものとして、よいものをより本格的に願望でき願望通り獲得することに「徳」をみるという固定的な視点から動けないためでした。「よいもの」をほんとうによいものにしてくれる、人間をすぐれたものにする要因（真の力、徳）は何かという問題に対して、柔軟に、普遍性への十分な配慮をもって取り組まないため、女性や召使いなど異質なものがまったくわからないことにもなるし、自分のこともわからないということにもなってしまっているのです。けっきょく、自分が「力」にして「徳」と思いこんでいるものは、「ことばだけの立派さ」にすぎないものかもしれないのです。

したがって徳に関するメノンは、補助線を引くというアイデア以前の召使いの少年と同様に、人間の力の裏付けについて、まだ見方そのものがつかめていないと言えます。そしてメノンのこの知的な弱点はじつは根が深く、ことがらの表面にしか注目しないように弁論家＝ソフィストのゴルギアスが教えてしまったためでもあるとプラトンは言いたいように、わたしには思えます。ゴルギアスはいわば自然な若木の生長を、無理に曲げることによってじゃまし、だめにしているとプラトンはこの作品で言いたいのだと思います。プラトンの見方からいうと、このような意味で「反自然的」な「教育」に対して、「自分で証明する」ことが基本であり、「教師」はそのことの支援者として機能する、数学の適切なトレーニングも、自分が全責任を負って取り組む「徳とは何か？」という探究も、自然な人間の進歩として、次々と困難を越えて次のより高次の段階に進めるという特徴をもちます。

このような流れで、少年との幾何学問答の総括をソクラテスがメノン相手にする場面がきます。ここで「想起説」に、当然の一般前提としての位置づけが与えられます。まずソクラテスはメノンに、少年の答はすべて少年本人の答であったことと、この対話以前に幾何学を知らなかったことの二点から、きわめて一般的に「たとえどんなものについて知らないにせよ、ものを知らない人の中には、その人が知らないその当のことがらに関する、正しい考えが内在」していると論じます（85C）。そして一連の議論により、この内在する真の考えを人は「想起」するために学習と発見が可能になると論じます。そしてソクラテスは数学の勉強をはじめて少年にさせたところなので、これらの考えはまだこの少年において「夢のようなものにすぎない」ことを認めた上で、「もしもだれかがこの子に、おなじこれらの主題で今後何回もいろいろなやりかたで質問してゆく」なら、きっとだれにも負けないくらい「精確に知ることになるだろう。これは、たしかなことなのだ」と言います（85C–D）。さらに、ソクラテスは少年に質問しただけなので、少年は「自分で自分の中から知識を再び獲得することになり、そして知るようになる」と論じた上で、この知識の再獲得は「想起すること」であると結論します（85D）。

ここでは二重の対立関係が重なって語られているように思われます。ひとつは、他人から伝聞的に聞き知る意味での「知る」に対し、「理解して知る」という意味の「知る」ことこそ、人が本来的に「知るに至る」ことであるという考え方です。もうひとつは、まったく新たに学ぶことに対する、むかしの経験の記憶に基づく知の再獲得こそ「学び」なのだという主張です。後者の想起のイメージは鮮烈で、前者を覆い隠しがちですが、この二重性のどちらが探究のパラドクスに対して実質的に歯止めになっているかと言えば、前者の理解に基づく知識把握のほうであると思われます。

そもそも「探究のパラドクス」が現実に探究へのやる気をなくさせるほど大きな説

得力をもつとすれば、それは究極的にどのような事情によるのでしょうか？　それは、知の内側と外側をはじめに非常に厳しく分けておき、その上で、こう峻別された「外側」にいる人間は、外側の人間同士では、いつまでもどのようにしても同一指定の局面に立てず、「公共的な知」の内側に入れないという議論が繰り広げられたためであるようにわたしには思われます。こう考えるなら、問題は究極的に、「外部」から「内部」に入れないようにした、不健全な知識像そのものにあると言えます。徳を知らないというソクラテスの表明により、自分たち二人は徳に関する解明に向かういっさいの見込みのある対話から遠ざかってしまった、とメノンは「パラドクス」をつうじて言いたいようにみえるのです。これを、「理解に基づく知識」のイメージに変えている点で、「想起説」には一定の説得力と効用を認めることができると思います。つまり、理解はしだいに深まるもので、「より知っている」と「より知らない」の間には客観的な相違があります。かつ、人々はこのような理解の深浅の差にかかわらず、おなじく徳について考えているはずですから、その基盤に同一指定の共通能力を立てることも、自然におこなえるからです。こうして、論者によって特定の徳目の重視・軽視がみられる場合でも、双方が「理解型」の知識像に立つときには、お互いの理解を自分たちで深めてゆくことは可能に思えるはずです。たとえば「堂々とした押し出しの良さ」を「正義、節度、知恵、勇気」のいわゆる枢要徳の次に挙げるメノンは、「敬虔」を五番目の代表的徳目とするソクラテスと、やや異なる徳の理解をもっているはずですが、それでも（われわれも、おそらく常識的にそう言えるとみなしているように）ふたりとも徳というものについて話をおこなうこと、徳を同一指定することくらいは、文句なくできていて、その上で意見のちがいをもっていた、というように言えそうに思えるのです。そうならば、徳を探究することには原理的困難がないことになります。

なぜプラトンは、この「理解」ということを超えて、「想起」ということにこだわるのでしょうか？

この後の「仮説」の議論で、対話者ソクラテスはメノン相手に、知識が「よいもの」を真によいものたらしめる究極の要素であると論じて納得させます。この説得においてソクラテスは、「知識（エピステーメー）」も使いますが、「知性（ヌース）」という関連する別の重要なギリシャ語も使うし、「知（フロネーシス）」も使っており、これらを自由に交換して併用しながら、われわれの幸福を約束するわれわれ一人一人の内側の要素は「知識」（またはその他の類義語で表現されるもの）であると論じてゆきます（87B–89C）。

なぜこのようなまぎらわしい言い換えを繰り返したのかは、次の「三 第三〜五章の議論」の（一）で詳しくみますが、「知識」ということばだけで議論してしまうと、プラトンが重視している知識が、或る人の「人格」や「内面」とほんとうに内奥で結びついていて、その人から切り離され得ないことが、見落とされてしまいかねないことがひとつの理由だと思います。実際、メノンが「徳は教えられるか？」と質問してきたことには、教えられる知識として、「マニュアル」のように外化して「教科書化」できる〈何か〉のように知識をイメージしている側面があったはずです。対話者ソクラテスと著者プラトンは今、一言で「知識」と言っても、徳が「知識」であるのは、そういう「外化」が可能なことを意味しないことが明確な場合にかぎられる、と示しておく必要があったのでしょう。「知」を意味する「フロネーシス」は、人の内面で、賢さ、思慮深さとして働くもの、ということばの響きをもっていました。「知性」にあたる「ヌース」も、ややニュアンスは異なるものの、理性的な心の要因であるというニュアンスが強く、これを、ヌースの持ち主から「切り離す」「抽出する」こと、まして「教材化」することなど、とうてい無理であると思われることばです。このように、プラトンは生きているわたしの、その「わたしであること」に、もっとも中心的に関わるものとして知識を捉えていました。

そこで、かれが「想起」に訴えた説明を採ろうと思ったことに関するひとつの説明は、この〈わたしの存在〉をめぐる事情により、「わたし本来の豊かな内容」を、過去の「記憶」の中に探ることができる（はずだ）と思ったのだろう、ということです。なぜ若い人は、じゃまになる考えを取り除いて頭の中をきれいにしてあげさえすれば、次々と壁と思われたものを越えて、次の段階にジャンプして成長するように学んでゆけるのか？　それは、自分の中にそれを越えさせるくらいのたいへん豊かな財を、もともともっていたからだ。――こんな発想をプラトンは『メノン』執筆当時、もっていたのではないかと思います。

三　第三～五章の議論

（一）仮説の方法

ソクラテスは想起説によって対象を知らなくとも探究できるという点は確保できたので、「徳とは何か?」の探究を再開しようとメノンに再度提案します。しかしメノンのほうでは徳は教えられるか、それとも生まれつき備わっているのかについて探究してほしいと対話篇冒頭で表明していた自分の意向にこだわりを見せ、ソクラテスはメノンに従うと言います。この箇所でソクラテスは、わがままなメノンが「自己自身の支配」もろくにできないくせに他人のソクラテスを支配しようとして、支配してしまっているとこぼします（86D）。これはメノンが美男子で、ソクラテスが美男子に弱いことを示唆するせりふですが、ここのせりふは、プラトンが時々使う、ソクラテスの色好みをいうジョーク的な脚色ではありません。裏に「いたずら心」が隠されています。すなわちソクラテスは、メノンに主題を譲る代わり、「とにかくきみのわたしに対するきわめて強力な支配力を、少しだけでいいから緩めてほしい」と、聞きようによっては情けないせりふを言いながら、徳が教えられるかそうでないかに関して「仮説（hypothesis）の方法」を用いて考察しようと提案します（86E）。

じつはこの仮説の方法の使用は、徳は教えられるか否かを探究することが同時に「徳とは何か？」の間接的解明にあたるような、非常に重大な転換を意味します。ソクラテスはメノンにはそう言わないで、ただ相手の美貌が心理に及ぼした圧倒的影響を示唆するようにとどめています。ギリシャ的エロスには色気の要素と年長者による年少者の教育の要素がありましたが、プラトンはここで、表面的に「色好み」で通したソクラテスの真価は、自分を低くする軽い話しぶりで若者に「肩の力」を抜くようにさせ、その若者に、いつの間にか自分から考える学習を促してしまう教育の才能にあったと示したいのだと思います。

その点を詳しくみてゆきます。同時に、この辺からソクラテスとメノンの会話は、ここ以前とはやや異なった読まれ方を要求するものになっていきます。「いたずら」は、メノン自身を徳の理解の本格段階へと覚醒させるためのものです。幾何学問題を例に取った想起の実演で、召使いの少年はソクラテスと対話したために、難問段階の「次の段階」を望見するところまで進みました。対角線が二倍の面積の正方形の一辺となることを、かれは自分で確信できるようになれたのです。この先、この調子でやっていくことが期待されます。徳に関して定義の循環に陥ってしまい、苦しんでいるメノンにも、このようなことは可能かもしれませんし、あるいはひょっとして、可能でないかもしれません。実験的にやってみないと、そのどちらに転ぶかはまだ分かりません。しかしここには、召使いの少年相手の実演のときにはなかった大きな障害もまた、存在しています。まさに進歩してほしいメノン自身が、探究の続行をきらって「探究のパラドクス」を投げつけてきたからです。弁論術的なこのような攻撃（議論のための議論）をあらかじめメノンが学習して身に付けていたことは、これからの対話問答にとって、先に進むための工夫が必要であることを意味します。したがってこの非常に特殊な状況では、これ以上「議論のための議論」をメノンにさせないために、いつのまにかもっとも重大な探究に入ってしまうということが、もっとも望ましいと言えるのです。

しかし、それと同時に、このようないたずらないし「おとぼけ」がこの箇所で登場したため、ソクラテスがメノンと任意の読者の両方を相手にして対話を進める傾向が、ここから明確に強まります。読者は、気を付けてできるだけていねいに読んで本気で学ぶ気になれば、メノンよりもはるかに多くのことをテキストから学ぶことができます。

仮説の方法は幾何学から取られたものであるとソクラテスは言います。そしてその例として、「一定面積の図形をおなじ面積の三角形として或る円に内接させることは可能か?」という当時の高度な幾何学問題を示します。この問題での仮説は、ストレートにイエスかノーかでは答えられない場合に、一定条件が成り立てばイエス、成り立たなければノーというような条件を考案して、その条件が成立する場合としない場合に「場合分け」して考察するという方法です。この場合分けが恐ろしく読みにくい文章で書かれていて、プラトン解釈上、もっとも解釈がたくさん出ていてしかも決着がつきそうにない超難解箇所のひとつになっています(87A)。

全体として何通りにも解釈できる表現が多く、すぐに理解できないことは明らかで、にもかかわらず、よりましな理解とそうでもない理解の差がはっきり出てくる章句なのです。

おそらくプラトン自身が解釈上の困難を故意につくったのだと思います。なぜそうしたのかということは、議論の趣旨に関係します。仮説の方法のポイントは幾何学問題を解く際の場合分けの表現にあります。たとえばわれわれは中学校や高校の数学の問題で、aが2以上か2未満かのような、だれでもわかる誤解の余地のないことばで書かれている場合分けを例題でみたことも、自分で問題解答のなかに書き記したこともあります。しかし、すべての「場合分け」がそうであるとはかぎりません。ここでプラトンは、幾何学の問題における素人には難解な場合分けを例に用いることにより、これから「応用」で「場合分け」を形作る「仮説」のことばも、おなじように理解自体がたいへん難しく「読み手を選ぶ」ようになっているかもしれない、と予告しているのだと思います。

事実、ソクラテスが「徳は教えられるか?」という問題に対して提案する「仮説」もまた、その文章の読み取りの点で大いに問題を含むものです。わざと大雑把に表現すると、ソクラテスは、徳が知識であるという仮説のもとでは、徳は教えられると考えられるだろうし、徳が知識のようでないという仮説のもとでは、徳は教えられないと考えられるだろうとメノンに示唆します。そして徳は知識（のよう）であるということを示します。これは、表面上ストレートな証明のように受けとめることができる口調で示されています。

これに従った（つもりの）メノンが、この文脈の議論の最後に「はい、わたしにはその点は必然に思えます。そして、ソクラテス、仮説に基づいて『もし徳《アレテー》が知識なら』、徳《アレテー》が教えられることもまた、明らかです」（89C）と「証明終わり」の気持ちを込めて答えると、意外なことにソクラテスは「神に誓って、たぶんそうかもしれない。しかし、そこの仮説のところでわれわれが同意したのは、まちがっていたのではないだろうか？」（89C）と、はじめからやり直そうと言い出します。そしてほんとうに徳は知識なのかどうかを調べようと言って、アニュトスも加勢に頼んだ第四章の長い検討の末、徳が知識ならそれを教える人間もいるはずだが、徳の教師は現実にどこにもいないという点を第五章でメノンに納得させ（95B–96D）、徳は知識ではないという結論を導き出します（99A）。このように、ここから最後の箇所までは一連の議論なのですが、以上の筋をみてみると、そのはじまりにはメノンとソクラテスの間の「仮説の方法」に関する、微妙で決定的な理解の食い違いがあるように思われます。

なぜメノンのように「証明終わり」としてはいけなかったのでしょうか？　このメノン側の総括直前にはソクラテス側の総括もあり、これとメノンのほうのまとめのことばを比較することが、両者の態度の基本的なちがいを理解する上で有益です。ソクラテスは「そうすると、優れた人々が優れた人になるのは生まれつきではないのだから、そうなるのは、学習によるのだね？」とメノンに問いかけ（89B–C）、これに対してメノンが先ほどのように答えたのです。メノンは「学習による」とソクラテスが言ったことを「教えられる」のように言い換えており、ソクラテスが結論の必然性や強さを明言しないところで「必然に思えます」「仮説に基づいて」のように、あたかも絶対確実な学問的推論の力で完全に立証できたかのように主張しています。

この結論の読み方はソクラテスに修正され、徳の教師は現実にはいないことから徳は教えられるものではないことにメノンは納得します。こうしてメノンは結局、第三～五章の議論の流れについて、次のような理解（独白の形で書いてみます）をもったと言えます。

まず徳は知識であるという仮説からは、徳は教えられるということになった。自分はこの結論は確実と思ったが、ソクラテスにそうでないと言われ、かれが詳しく説明してくれたように徳の教師は現実にはどこにもいないということに自分も納得した。したがって徳は教えられないというのが結論である。だから徳は知識ではない。行動を導くもうひとつのものである、正しい考えが徳なのだろう。そうすると自分には、徳をもった優れた人がほんとうにいるのかが疑問に思えてくる。優れた人があらわれ出てくるとしたら、それはどのようにしてなのだろうか?(96C-D) また、徳が知識でなく正しい考えだとすると、なぜ知識は正しい考えより優れているとされるのか、この点も、いまは、自分はよく分からなくなってしまった(97C-D)

これはこれで、対話が始まった時点よりもメノンが進歩したことをあらわしています。メノンが対話篇冒頭の段階で本気で「徳」と「徳のある優れた人」についてこのような問題に悩むことができたとは思えません。

しかし、ソクラテスの「レッスン」の功徳がこの程度のものであったとは考えられません。メノンが自分の得たものをこう表現するとき、かれが追いかけることができなかった第三章の「仮説の方法」部分の内容が、欠落してしまうからです。最初にメノンが「仮説の方法」をかたく考えてしまったことが大きいと思います。かれは仮説という「幾何学で通用している立派な方法」によって徳は教えられるという結論が出たと一回確信しました。ソクラテス自身のようにここを少し緩く、もし徳がいわゆる知識なら、徳は生まれつき備わるのではなく学ばれるものである、しかし徳はいわば知識のようなものなのだから、それは学ばれるのだ、という程度に理解するとき、この結論は、徳の教師は存在しないので徳は教えられないという第四～五章の結論と、矛盾しません。つまり、徳は「他人から教えられない」というしかたで学ばれるという結論になります。いっぽうメノンのように、仮説の方法からは「徳が知識なら、徳は教えられる」ということが結論で、現実の観察からは、徳の教師がいないので「徳は教えられない」ということになる、という議論の理解をすることも可能です。このメノン式の理解の場合、徳は教えられず、ゆえに徳は知識ではないという結論が、論理的に成り立つことになります。こうなると、徳は「知識」であるという結論を得るために「仮説の方法」の箇所でソクラテスがおこなった議論は、完全に無視すべきものになります。――ここが問題の核心であると、わたしは思います。

じつは、後に（二）でみるように、この対話篇全体の中でメノンの理解では結果的に無視されることになる部分こそ、『メノン』全体でもっとも読み応えがあり、プラトンがソクラテス的な徳の議論のいわば神髄と考えた議論内容を含んでいます。つまり、メノンはソクラテスに出会ってかなり大きな教訓は得たのですが、それは言ってみればまだ、あんこを入れていない、おまんじゅうの皮のようなものにすぎないということになるのです。

メノンの間違いは、仮説という「幾何学の方法」でやっていくとソクラテスが言い出したことに対する、過剰で筋違いの信頼にあります。メノンは、ソクラテスが先ほどの幾何学における仮説の例を引いた際、わかりにくい例だとは思ったかもしれませんが、そのわかりにくさが徳の議論でそのまま応用されるとは夢にも思わなかったように思われます。とにかく幾何学の応用でやってくれるのだからがっちりした証明のようなものだと思ったはずです。しかしソクラテスの論じ方を耳にして、メノンのようにのんきに、絶対確実な演繹推論を想定する気には読者はなれないと思います。ここではひとつひとつの文の理解が、注意を要するものであることに気づくように、「知識」「知」に類することばが使われています。以下ではルビでこの点が目立つようにします。

[A] まずはじめに、もし徳《アレテー》が、いわゆる「知識《エピステーメー》」のごときものとは異なる性

質なら、徳《アレテー》は教えられるだろうか、それともむしろ、教えられないのではないか？　あるいは、先ほどわれわれが言った言い方で、「想起」されるようなものではないだろうか？　ただ、われわれにとって「教えられない」と「想起される」のどちらの言い方を使おうが、ちがいはないので、「徳《アレテー》は教えられるのか？」のように問うことにしよう。

それとも、人間が教わるものは知識《エピステーメー》以外にないということなら、問うまでもなく、それは万人に明らかなことなのだろうか？（87B–C）

［B］それでは、この点を考えてみなさい。

これらが、時によりためになることもあるが、有害であることもある、という場合もあるだろう。しかしそうでない「つねにためになる」場合、これらのうちで、何か、知識《エピステーメー》ではなく知識《エピステーメー》とは別であるようにきみに思えるものが、あるだろうか？

たとえば勇気だが、もし勇気が知《フロネーシス》でなく或る種の「元気」のごときものであるとするとどうだろう。人が知性《ヌース》なしにただ単に元気を出すという場合には、害を

こうむるが、知性《ヌース》を伴って元気を出す場合には、ためになり有益なのではないかね？（88B）

なお、このBの箇所以下では、「知識」にあたる「エピステーメー」ではなく、「知」と訳した「フロネーシス」が、知識にあたる要因をあらわすことばとしておもに用いられ、それで全体の結論部分で、ソクラテスのほうは、徳が「学習によって」身につくとまとめ、メノンは徳が「教えられる」ものであることが証明されたとまとめることになります。

メノンの理解は、ソクラテスがメノンの問いである「徳は教えられるか？」に主題を譲ったという宣言と、引用Aに全面的に頼るものです。メノンの理解では仮説の方法は、あらかじめ「あいまいさ」「多義性」を排除して、定義された語彙のみで形成され、形式の整った論理式のような、厳密な論証用の文章表現になっていることが前提されます。しかしソクラテスはAの周辺ですでに、「知識・エピステーメー」が、あいまいさに気を付けて使うべきことばであると示しています。Aの中でも「『知識』のごときもの」と言ってかれはその点を隠しませんし、一貫してこれに類した婉曲表現を目に付くように多用しています。「知識」ということばへの「いわば」「のような」等の付加や、「知性」「知」との自由な言い換えを、ソクラテス＝プラトンのひそかな〈おとぼけ〉、〈いたずら〉の最終的な意味を明らかにするために使うことができます。まず、メノン相手に、メノンの問いを考察するのでかまわないとソクラテスがいっけん鷹揚に対応したことをわれわれはそのまま受け取ることにしてみます。この場合、

徳は知識か、知識でないかのどちらかである。この場合分けを使えば、
（1）徳が知識なら、徳は教えられる
（2）徳が知識でないなら、徳は教えられない
ということになる。ゆえに、徳が知識か、それとも知識でないかを試せばよい。

というように、メノンがこの後一貫して理解したとおり、単にメノンの「徳は教えられるか？」という問いに向かうような方向でわれわれは考えたくなります。しかし、いまのように幾何学から現実の具体的生活に関わる徳の問題に話を進めるということ

は、だれがどうみても大きな冒険なので、「例外」の可能性への注意が必要になるはずです。そして、ここはそうした例外に当たるので、われわれはこの「場合分け」の意味自体に吟味を加えていくことをこの特殊な「仮説」では問題とせざるを得ないということになります。これが、ソクラテス＝プラトンの隠れメッセージだと思います。そのことを、ソクラテスが「知識」ということばに関する注意として繰り返しつけた「いわば」「或る種の」などのマークが示しています。

　事柄としての〈徳〉という主題も、おなじサインを出していると言えます。「知識ならば教えられる」ということは、「知識」ということばで言われるものができあがった学問や技術である場合には、当然成り立ちます。「徳が知識である」という文の中の「知識」は、そのような意味であると言えるでしょうか？　「徳は知識である」と言えるということはたしかにありますが、この場合の「知識」は、「知性」や「知」と交換できるようなことばの使い方において理解される意味のものだとソクラテスは示しています。そしてこれは、問題のない、自然な考え方だと思います。すなわち、勇気が知識であると言うことは可能ですし、節度が知識であると言うことも記憶力が知識であると言うことも可能です。一般化して徳が知識であるということも言いうるはずです。しかし、ここで徳が「知識である」と言えるのは、それが生きた「魂」ないし「心」の力として、或る人の間違いのない判定能力・判断力であると言えるといった程度の意味におけることです。ギリシャ語で言うと、「エピステーメー」という、「知識」と訳せて教示可能性と結びつきやすいことばよりも、「フロネーシス・知」という、行動や実践での「頭の良さ」「知力」「思慮深さ」といった意味合いのことばのほうがぴたりの表現であるような内面的な力です。このことばにも、「ヌース・知性・理性」にも、それが人から人へと教えられるものであるというニュアンスは欠けています。

実際には、導き出せるのは、徳は知ないし知識ないし知性だから、生まれつき人に宿っているものではなく、後天的に「学習」されるものであるという穏当な結論のみです。それをソクラテスも結論にしています。この「学習」は非常に広い意味内容をもちます。本を読んで勉強したり、優秀な教師からレッスンを受けて教わったりする意味での「学習」も学習の一種ですが、それよりはるかに広く、自分で経験して学ぶこと、自分でよく考えて行動するうちに学ぶことなどの、「実技科目」のように学ぶことも含まれます。また、ソクラテス的問答で学ぶように、自分の頭で考えたことから対話によって自分の考えを鍛えていって学ぶことも、当然含まれます。後天的学習・修得すべてを含むような「学び」なのです。生まれた「素のまま」では徳はまだないということが、だれにも分かる重要な含みになります。

そうすると、「知識」のあいまいさを明示して、

徳は「知識（＝知性、知）」である。しかし「教えられるような知識」とはかぎらない。

とすることが可能です。

では、この問題についての、われわれの自然な考えはどうなのでしょう？　われわれはむしろ、明確に、徳が教えられないという意見ではないかと思います。「徳」が網羅する勇気や節度や正義などの倫理的能力も、知的卓越性である記憶力や知恵も、いずれも専門知識や専門技術とちがう、人間としての一般的な実力として知性の強さ・知力を要求するものであるということがこのような意見には含まれています。そうすると、この発想からは、徳とされる心の力はぜんぶ専門知識・専門技術とはち

がった「学習」（教えられるのではないような「練習」や「学習」など）がその修得に必要なものなのだろうと予想できます。

ここに、「徳」とその「学び」に関しても、「学問」や「知識」（ギリシャ語では両方とも「エピステーメー」で表現されます）とその「取り組みかた」に関しても、ソクラテスがメノンにひそかに期待した「発想における一大転換」を遂げてもらうための周到な教育的準備が隠されていたように思われます。

残念ながらメノンは、ソクラテスが期待したようには発想の切り替えをしてくれなかったので、それで現状の対話篇の第四〜五章のような展開になっていますが、ここは、将棋や囲碁で打つ手が一手ちがった場合に、その後の勝負は「それもまた一局」になると言われることに似た対話の進み方が、あり得たように思われます。つまり、ソクラテスが言い出す徳の教示に関わる場合分けが全体的にあいまいさをもっていて、そのことの理解度そのものがおのずと読み手の実力を示してしまうようなものなのです。この観点からすると、メノンは、召使いの少年が幾何学問題で果たした「補助線を引くという段階」への向上を、かれの力不足により、果たせなかったことになります。

そこで、メノンのような育ち方ではない対話者ならどうなったか、考えてみましょう。

仮説としての「徳は知識であるなら教えられ、知識でないなら教えられない」という場合分けは、それ自体が問題含みで「知識」ということばの意味について注意しなければならないことになるのですが、この「方法」はそもそも、単に「徳が教えられるか否か」に決着をつけるためだけのものではないと思います。結果的に徳は教えられないという結論は、仮説の方法の適用に端を発するような徳の教師探しのところで決着をみますが、ソクラテスは、徳は知識である、あるいは、徳は知識ではないという仮説をさらに説明するような、より高位の別の仮説も用意しました。つまり、

徳はよいものであるか、よいものでないかのどちらかである。この場合分けを使えば、

(1)徳がよいものであるなら、知識である

(2)徳がよいものでないなら、知識でない

ということになる。ゆえに、徳がよいものか、それともそうでないかを試せばよい。

という、説明の観点で徳と知識の関係をさらに説明するようなひとつ上の段階の「場

合分け」です（87D）。この場合分けも、徳目の語彙のあいまいさにかかわりを持ちます。たとえば「勇気」ということばを、ただの元気という、ふだんそう使うことはあるが徳の意味ではなくなってしまう使用を排除して使うなら、勇気は知識なのだという趣旨です。

実際には議論は、この「徳はよいものか否か」と「徳は知識か否か」の二重の場合分けで徳が知識であること自体を根拠づけようとする方向で展開されています。そうすると、「徳」と「知識」と「よい」（ないし「有益である」）という、ふつうはことばの系列として完全にかけはなれていて無縁に思える、三つのことばないし概念の相互関係を、その議論中にこれらのことばがどういう意味で使われるかそのつど吟味しながら新たに自分の頭でよく考えることが、議論の上で要求されていると言えます。――これは、幾何学で関係がみえなかった正方形の対角を、新たに補助線を引いて結んでみるという作業に、非常によく似ていることです。

ここの新しい考察に入ったときに、そしてその考察の意味が自分で分かったときに、少年にとって幾何学問題で対角線が補助線として斜めに引かれたときと似た、難問に関する新段階が約束されるということが、プラトンの隠れた主張であるとわたしは思います。次の（二）でそのしだいを詳しくみます。

（二）知性主義

ソクラテスは健康や強さや美や富のような、ふつう「有益である」ないし「よい」とされる心の「外」のものは、無条件に有益なものなのでなく、かえって有害になることもあり、正しい使用という隠れた条件が成り立つときにかぎってほんとうにためになるものなのだと論じます（87E–88A）。いっぽう、心の「中」のよいもの、つまり「徳」として、ソクラテスは節度、正義、勇気、ものわかりの良さ、記憶力、堂々たる度量などを挙げ、このような「徳」でも、さしあたり有益な場合と有害な場合が考えられるとします。これは、ことばの使い方の問題だろうと思います。つまりわれわれは「勇気」を害のある勇ましさやただの元気に適用することがありますが、そうしないで有益な勇気の徳だけを「勇気」と言うような用法に徹する場合、その「勇気」には「知」という面があるだろうとソクラテスは論じます。そしてこれは、節度にものわかりの良さにも言えることで、徳目をあらわすことば一般に成り立つだろうと言います（88A–C）。さらにかれは、心の中のよい・有益なものである徳が知であって、思慮深いほんとうの徳の場合にはじめて、心の外のよいものである富や他のものを正しく使用でき、これらもほんとうに有益なよいものになるのだと主張します（88D–89A）。こうして、論証の簡略な形でいえば、

（A）有益なものとは知《フロネーシス》である
（B）徳は有益なものである

という二つの前提（89A）の組み合わせで、

（C）徳とは知《フロネーシス》である

という結論（89A）を得るわけです。このAで一部の「有益なものとは」の話になっていることには、その前に補足がついています。心にとって外的な、財産や地位や強健さも「有益なもの」ですが、これらは徳があるために有益となった心の、それらの

ものをよく理解した正しい使用によって有益になります。それで、中心的な「有益なもの」としての「心の中の有益なもの」に限定した話にできる、とされます（88C–89A）。

心の「中と外」の対比と「作用の関係」において、メノンが第一章で前提していた方向性と真の理解は逆であることがここで判明します。メノンは「心の外から心の中へ」向かっていました。

事実世の中にはよいものがあり、それを願望でき獲得できる人間はかぎられている。しかるに自分はその人間の一人である。ゆえに自分は徳がある。

という発想法で、考え方の基礎を決めていたはずです。ところが、ここの議論が指示する方向は、まったく逆です。

徳がある場合に、そしてその場合のみ、「よいもの」をよいものとして使用できる。なぜなら徳がある人にしか「よいもの」のよさは、分からないからだ。

という「心の中から心の外へ」の逆の方向で、「よい」「わるい」「有益」「有害」ということばに接しなければならないという話になります。身体やもののほうに、いわば飛びつくかたちでものを獲得しようとするのでなく、まず時間をかけて心と徳の面での自分の発展を計ることが、自分のためになるもの、「よい」「有益な」ものの理解を通じた「幸福」（88C）の秘訣であるということになります。したがってこの議論では、徳を身に付け、「学び」、徳のもたらす知力を備えることは、条件抜きに至上のつとめにならざるを得ません。

メノン自身とはがらりと発想を変えて、A〜Cの主たる興味は結論のCよりも、AとBの前提側にあると、われわれ読者のほうで考えてみることができます。この「もののの見え方」のもとでは、AとBからCを演繹するというより、AからCへの推論の意味について、推測をおこなってゆくことが問題です。このときAからCへの接し方は、このような推論をするだれか（専門家のような人）がいて、それを「教えてもらう」という態度では済まないものになります。AからCをみせられて、それを推論として組み立てた人はどういうふうに組み立てたのだろうかという、素朴な好奇心のようなものを背景に眺める必要が出てきます。つまり、自分も仮説を立てることに積極的に関与する形で読み解いていこうとすることが要求されます。「仮説を立てる」ことは、「推測する」ことの一種です。Cという自然な考えをどう説明できるか、可能性をいろいろ探して、これでよいのではないかと、なかでももっともまっとうな選択肢をかりに立ててみることです。したがって、もともとこのような仮説を立てているソクラテスとともに、話に加わって、この仮説はどういうものかを能動的に対話の中で自分なりに理解していこうとするとき、われわれは自分も徳の議論で仮説を考えている人のように、想像力や、新しいことに挑む知性のはたらきによってできるだけ大胆に推測し、その推測について自分の責任で、できるだけ精密に評価することが求められます。

この議論でそうした推測をみずからおこなってみるとき、AとBの両方に「有益なもの」が出現していて、これはCの結論部では消えているということが、注意を引くはずです。つまり、Cの文章には出てこないので、実際の経験やふだん考えていることの中では視野に入ってこないのですが、AとBからCを導く「説明」では、これこそもっとも重要なものです。したがって、この説明で注目すべきところは、「有益なもの」であると言えます。他方また、このあたりの議論では「有益である」と「よい」はお互いにおなじ意味で使われているので、おなじことを、善こそが問題の焦点だ、とまとめることもできます。つまり、「何がほんとうに有益なのか?」「有益性とは何か?」「善とは何か?」といった問題には、他の問題にはない、絶対的な重要性があることが、ここから分かると思います。

この点を、この箇所の趣旨に或る程度似ている「太陽の比喩」という、中期対話篇の中の、『国家』第六巻の印象的な議論の説明を利用して、描写することができます。『国家』の議論によれば、善のイデアこそ美や正義に比べ最高のイデアで、前途ある若者のための最大の学習課題ですが、これが最重要のものであるのは、「太陽との比較」で明らかになると対話者ソクラテスは言います。つまり、太陽が〈見る・見られる〉という関係全体において光を提供することでその全体の原因とみなされるように、そのように〈知る・知られる〉という関係の全体を検討するとき、善こそ「知られるもの」に真理性を付与し、「知るもの」に知る力を与えるものだというのです(506B–509B)。

難しい議論なのですが、なぜ太陽が〈見る・見られる〉こと全体の説明を果たす「原因」なのかという部分は分かりやすいと思います。つまり、たとえ見えるものも見る者もそろっていても、間が暗闇であったり煙が充満していたり遮蔽物があれば、ものは見えません。そこで光が空間を透明にしてくれて、ものを見させてくれているわけで、その光は太陽から送られているというわけです。おなじように、善そのものが知るものと知られるものに作用するのだとソクラテスは主張します。比喩が成り立つには、ものを知るとき曇りなく透明になっているところで知ることができる、といった意味合いが「見ること・見られること」と共通と考えられているはずです。

この「太陽の比喩」の「目から鱗」のようなみごとなアナロジーを使って、『メノン』の議論の主張を、表現することができます。つまり、ひとりひとりの人が徳を学習した程度に応じて、その人のよいこと・有益なことの認識は、「透明性をましてゆく」というものである、と言えるでしょう。全知全能の人がいない以上、完全に「透明」になって全部見通せるかたちで知っている人がいるとは思えませんが、それにかぎりなく近づくことは目標にできます。この点を知らないで徳の学びの問題をしかるべき形で正面から扱えないと、そして、野心家や目立ちたがりの人がきらう地味な徳の学習に努めないと、自分の内部の状態が原因となって、認識そのものが「遮蔽物」や「暗さ」や「濁り」に類したもので妨げられることになる、ということが、『メノン』でも、そして『国家』でもプラトンの主張のポイントになっていると思います。

より重要なのは、積極的な帰結のほうだと思います。このような「自分自身の問題」を乗り越えて徳の問題の重要性に気づき、人一倍徳の学びに励んだ上、その徳に基づいてよいものを事柄どおりによいものと人々にまさって認知できる人が出てくれば――ソクラテスの否定的論駁はまさにこのような人を生むことを目標にしていたように思われます――、その人の場合には内的なものの力で自分や他人の幸福とほんとうの繁栄、人々の福利について、他の人の及ばない力を発揮できるだろうということになるはずです。これが「仮説の方法の議論」の最終的なメッセージになるように思われます。

(三) ラリサへの道を案内できること

第四章ではソクラテスはアニュトス相手の対話で、政治家たちの子どもの教育などを題材に、徳の教師と呼べる人は現実の社会にはいないということを具体的に示してゆきます。アニュトスは、ソクラテス裁判でソクラテスを訴えたメレトスとともに原告団のひとりであった人で、対話からも、人間への偏見と独断的なものの言い方が目立つ人であることが伝わるように描かれています。一代でのしあがったアンテミオンの子で、メノンをこのとき政治家同士でアテネに迎えた、アテネ民主派の代表的政治家です。前三九九年のソクラテス裁判を蔭で指揮した人物で、原告メレトスはアニュトスの指示で動いたと思われます。ソクラテスは有罪確定の後、メレトスにアニュトスと弁論家リュコンの後ろ盾がつかなかったら自分が負けることはなかったと『ソクラテスの弁明』(36A–B)で言います。アテネ国内の民主派対反民主派の激しい政治的対立も『メノン』の重要な背景です。反民主派の三〇人独裁(前四〇四〜前四〇三年)を倒した民主派の中心にいたのがこのアニュトスで、かれはソフィストのものでもソクラテスのものでも、「新教育」を激しく憎悪し、合法的なやりかたで政治的にソクラテスを打倒しようと考えたように思われます。

『メノン』の主題全体に深くかかわるアニュトスの「個性」といえるものは、知一般の徹底的軽視であると思います。ソフィストに対するアニュトスの憎悪を聞いたソクラテスは、ソフィストにひどい目にあわされたのかと尋ねます。アニュトスは会ったことがないがソフィストくらい知っていると答えます。この乱暴な答にソクラテスは驚き（92B–C）、アニュトスは「予言や占いでもやる人」（92C）なのだろうと言います。

人の善悪評価ができるくらいに或る職種の人や或るグループの人を「知っている」ということは、ふつうその人々に会ったことがなければ、言えないことです。他の、たとえば三角形とは何か知っていると言う、ということは、三角形を定義できて数学的に理解しているという意味でしょう。徳とは何か知っていると言う、ということは、これとは異質の条件が入る、神ならぬ人間の身には絶望的に難しいことかもしれません。要するにそれぞれのことばが指し示す知的課題・問題には、それぞれひとつひとつ、個性的で別の問題の入り方があるということだと思います。未経験なのに、未経験な分野のことを「知っている」と言うアニュトスは、このような知と理解の重要性そのものを理解する気がなさそうです。ソクラテスが大事なものを「知らない」と言うときの「無知」と、この当時の代表的政治家アニュトスの「無知」の状態とは、「無知」はおなじでもその実態は天地ほどにちがっています。

第五章のテーマは、知識だけが統率するものではなく、正しい考えも統率するものなので、「徳」と呼ばれるものは、実際には知識ではなく正しい考えであるという新しい論点です。まず、徳の教師はいるのかいないのかが問われ、いないという結論にいたります（96B）。ここから徳は教えられないことになり（96C）、メノンは徳の発生に関する難しい問題に気づきます。そこからソクラテスは議論のやりかたの転換を提案して、知識だけではなく「正しい考え」も、正しく立派なことをおこなわせてくれる有益なものであるということに、メノンの注意を向けさせます（96D–97C）。

例は、テッサリア中心市のラリサへの道を案内するときに、知らなくても、正しい考えがあれば道案内できるという事実です。「或る人が、その道を以前に歩んだことはなく、知っているわけでもないが、どれがその道か、正しく考えて導く場合、この人も『正しく』導くのではないだろうか?」とソクラテスは尋ね、メノンとともに「正しい考えは、行為の正しさに関しては、知にまったく劣らず正しく導く」と主張します（97B）。したがって徳に関する第三章の「仮説の方法」の議論のところで、徳が知であるとして、知のみが正しい行為を導くとしたのは誤りであったと、前の主張を修正します（97B–C）。この修正の意味が、解釈の大問題です。

「正しい考え」は「アレーテース・ドクサ」を訳したことばです。「アレーテース」は直訳すれば「真実の」「真なる」ですが、本訳では「ドクサ」を形容する場合はより自然な「正しい」で訳しました。「ドクサ」には、さまざまな訳語が考えられます。中期のイデア論の文脈のように、イデアという「あるもの・存在するもの」を捉える心の能力としての「知識・エピステーメー」との厳しいコントラストがついて、真ではあるが次元的に劣った心的状態・力のニュアンスが強い場合、「思わく」(もっとかたい日本語ですと「臆見」になるでしょうが)のような専用の訳語にする慣習があります。いっぽうそのような文脈にかぎらない、たとえばイデア論が出てこない、後の『テアイテトス』や『ソフィスト』のような対話篇では、心が一回でくだす「判断」のように訳すのが適切な場合もあります。

『メノン』のこの部分の訳語の選定はかなり難しいと思います。本訳で「考え」としたのは、ひとつにはイデア論登場以前という対話篇の時期を考えたからですが、もっと本質的には、ここの「ドクサ」は、「知識・エピステーメー」と、一面では連続しているようでもあり、他面では断絶しているようでもあるという意味の「あいまいさ」をもって使われていると解釈できるからです。この点はひとつの単語の翻訳の問題を超えて、解釈の中心問題ですから、詳しく説明したいと思います。

第五章の議論は、次のように進んでいるように思われます。

徳は教えられない。ゆえに徳は知識ではない。徳は結果的に正しい行為を導くものである。正しい行為を導くのは、知識か、正しい考えである。ゆえに徳は正しい考えである。

ただし、このような徳の特徴付けが当てはまる「徳のある」人々の中で、第五章の議論の読み方次第でさらに二つの下位グループができると思います。これは、「正しい考え」が二通りに解釈可能であることに関係します。知識の探究に連なるような、理性的でものごとのわきまえのある「正しい考え」もあれば、知識の適切性をまったく欠いてしまっている、行き当たりばったりだがたまたま「当たり」である程度の劣った「正しい考え」もあるからです。

「知識」とのつながりのない「正しい考え」は、政治家たちをリードしているものです。第四章のアニュトスのような乱暴な考え方は極端でしょうが、歴代のもっとずっと優秀な政治家も、みな「知識」をもたずに「正しい考え」でやってきたと言われます。このことがプラトンの現状肯定的な態度を示すとは、思われません。なんらかの改善を要する事態であるとプラトンはみなしていると思います。覚醒した理解はないが、評判のよい、推測に長けた人々が政治で実績を上げてきたとソクラテスは言います（99B–D）。ここには、瞬発的に勘のよい神懸かりのような政治家ががんばって国がうまくいったことはあるし、何度もそのようなことがあったということの承認の裏で、それでけっきょくその次の瞬間には当の政治家自身が運やその他の「外的」な事情で国の政治を誤りうることの示唆も含まれますし、その政治家が果たした業績を次に伝え、実りとして次第に大きくしていくことも望み薄だという冷めた分析も含まれているはずです。テミストクレスもペリクレスも、たまたまそのような人でたまたまものすごい「成果」を出してくれたけれども、「知や根拠に基づく確かな道の建設」はしなかったということです。ソクラテスはこの議論ではアニュトスが第四章で表明した人物評価によりますから、政治家たちは「徳」があったということには異を唱えませんし、十分敬意を払った語り方をしています。しかし、そのような立派な人は輩出したのだろうと認めることはできても、「政治」そのものが人材育成のシステムとして、救いがたく脆弱であるという点の評価も隠していないと思います。

この意味の「正しい考え」とは、原因推論を欠くような、結果が単にたまたま当たった判断です。ソクラテスは知識と正しい考えのちがいに関し、正しい考えを「原因の推論によって縛りつけてしまう」ことによって「想起」するようになり、縛られた考えは「初めに知識になり、しかるのち、安定的に持続するものになる」というように表現します(98A)。政治でこの安定性に類したものは可能でさえないのかということが、読者にとって気になるところでしょう。政治という、もっとも重大で国民全員の幸不幸を大きく左右する営みが、原因に関する思考を欠くような、いわば場当たりの「憶測」によって動いているということは、将来的にも改善されないのか、というように。しかし『メノン』の第五章の記述には、この面での楽観主義や理想主義のきざしも、なんらの積極的提案も読みとることはできないように思われます。

いっぽうソクラテス自身はこの知と正しい考えの区別に関して、どうなのでしょうか？ ソクラテスについても、先ほどの徳の最終的特徴付けは、当然あてはまります。ソクラテスは徳を知らないのだし、徳とは何かということを知らないことを、対話篇冒頭からいっさいメノンに隠していなかったのです。知識と正しい考えが原因推論のある・なしで区別されるとき、ソクラテスも別に、いつも究極の原因を過不足なく語るようなほんとうの原理から正しい結論を導けるというわけではありません。

しかし、このようなソクラテスの無知に徹する立場であれば、（他の作品のどこでも明らかであると同時に）『メノン』の最初から繰り返し明瞭に示されていたわけなので、もともと第三章で徳が「知識」と同一視されていた議論は、この第五章の時点で改めて全面否定されるような性格のものではないように思われます。なぜなら、ソクラテスが善や美や正義などの大切なことに無知であることと、ほんとうの徳ならばそれは知であるという主張は、論理的に両立するからです。したがって、第五章の「徳は正しい考えである」ということばには、特別に細心の注意が必要であるということになると思います。

ソクラテスの場合には、神ならぬ自分がほんものの知をもっていないということは絶対の前提であって、要するに近似的な知である「徳」でもって生きていく、そしてつねに徳の点での向上をめざすという態度を取っていると思います。したがって第五章で徳が正しい考え程度のものにすぎず、知識でないという「修正」をおこなったことは、ソクラテスにとって第三章の議論の受け取り方に関する、いわば〈適切な注〉がついたということを意味したはずです。われわれは生きている間、どんなに進歩したところで、完全に「透明に」よいものを知るにはいたれないということは、第三章の議論でもじつは理解されるべき点であったので、この時点でそのことが、やや遅れ気味に指摘されたわけです。しかし、この指摘があってもソクラテスは、あるいは著者プラトンは、第三章の議論の方向性を撤回する必要はまったくないと思います。ことの原因にかかわる仮説(合理的推測)を立てる作業をおこなってゆく精神、そして自分の徳に基づいて原因をつねに探りそれに基づいて行動しようという精神によって、こうした、建設中の知識というものを中心に動く活動のもとでしか、ほんとうは国家もよくならないし、全体の福利を考えながら国家を動かす人材も働けないはずだということは、動かないように思えます。完全な知識が特定の個人に事実備わっているか否かという問題は、肯定的な答をもたないでしょうが、これとは独立に、政治もまた知識が中心的問題であるような課題であるということは、成り立ちます。

いっぽう、このような知識との関連性のない「正しい考え」が政治家の徳に他ならないという点は、当時の世界の冷静で客観的な現状認識であると同時に、それで大丈夫なのか、危なすぎなくないかという不安を標準的読者の心の中にかき立てる効果をもったと思います。『メノン』はここで終わるので、後は読者に委ねられています。

たぶん、学問と教育におけるソクラテスとプラトンたちによる「理解重視」の人材育成の着実な成果と、政治という、「力」がほんとうに問題となる分野のあまりの停滞との、極端な対比を最終的に暗示することによってプラトンは、政治をやる人々の実力の養成に、人間の実力の養成という一般的な課題が、関連性をもつと言いたかったのでしょう。

そこで、安全に推測できるプラトンの最小限の最終メッセージは、政治の人材養成を、このような教養の「根」の部分と結びつけて考えないと、事態は改善しないということではないかと思います。プラトンが『メノン』の最後に書いていることも、そのような趣旨に解釈するのが適切であるようにわたしには思われます。そこではソクラテスは、「徳は教えられるか?」以前に、やはり「徳とは何か?」と問うことから始めるしかないのだと再度強調しています（100B）。メノンの問いのような、相手に依存したいだけの問いの優先性をはっきり拒否し、自分で自分の頭で答えるしかない「徳とは何か?」をだれかが考え始めるとき、その人は政治を含めてこの作品で問題になったすべての主題に関して、そのような問いをもたないときにくらべて、好位置に立つことができるだろうし、そこからなら、何かを始めることもできるかもしれない、という含みです。

解説の最後に、本訳作成においてお世話になり、テキスト読解に役立った注釈書と訳書を挙げます。

E. S. Thompson, *The Meno of Plato*, London 1901.
W. K. C. Guthrie（tr.）, *Protagoras and Meno*, Penguin 1956.
R. S. Bluck, *Plato's Meno*, Cambridge 1961.
R. Sharples, *Plato's Meno*, Warminster 1985.
藤沢令夫訳『メノン』岩波文庫 1994.
D. Scott, *Plato's Meno*, Cambridge 2006.
D. Sedley and A. Long（eds.）, *Plato: Meno and Phaedo*, Cambridge 2010.

ソクラテス・プラトン年譜

以下の記述の最大の典拠はプラトンである。なお、事件の年代や詳細については現在標準的とみられる説に従い、異説があっても記載していない。また、暦年は近似的なものである。

ソクラテス誕生以前

紀元前五二四年頃テミストクレス生まれる。前四九五年頃ペリクレス生まれる。前四九二年にアケメネス朝ペルシャ帝国がギリシャに遠征を始め、前四九〇年再度遠征。ペルシャ戦争が勃発する。マラトンの戦いでギリシャ連合軍がペルシャを撃退。前四八五年頃にはソフィストで弁論家のゴルギアスがシシリー島東部レオンティノイに生まれる。ゴルギアスは前三八〇年代に没するまで一〇〇歳以上の長寿をまっとうし、長年各地で活躍する。前四八〇年ペルシャ軍再度ギリシャ遠征。サラミスの海戦でギリシャ連合軍の勝利。前四七七年にペルシャ帝国に対抗するエーゲ海地域の軍事同盟であるデロス同盟が結ばれ、アテネが盟主となる。

紀元前四六九年

ソクラテス、アテネに生まれる。父ソーフロニスコス、母ファイナレテ。ソーフロニスコスは石工ないし彫刻家と伝えられ、ファイナレテは助産が上手であったといわれる。

紀元前四六一年　ソクラテス八歳
ペリクレスがアテネの政治の実権を掌握する。直接民主制の制度下で強い指導性を長期間発揮し、平和政策を実施するとともに、パルテノン神殿をはじめとする数々の建築物を完成させ、都市整備をすすめた。また、芸術と文化を振興した。これらの政策により、アテネは黄金時代を迎える。

紀元前四五九年　ソクラテス一〇歳
この頃テミストクレス死去。

紀元前四四九年　ソクラテス二〇歳
アテネがペルシャ帝国と和睦を結び、ペルシャ戦争終結。

紀元前四四三年　ソクラテス二六歳
ソフィストのプロタゴラスが初めてアテネを訪れる。かれはペリクレスの依頼により、この頃建設された植民都市トゥリオイの法律を起草したといわれる。

紀元前四三三年　ソクラテス三六歳
この頃プロタゴラスが二度目のアテネ訪問、『プロタゴラス』の対話設定年代。

紀元前四三二年　ソクラテス三七歳
ソクラテス、デロス同盟を破ったポテイダイアの包囲戦に参加する。

紀元前四三一年　ソクラテス三八歳
アテネとスパルタの間に戦争が起こる。ペロポネソス戦争の始まり。翌年の前四三〇年には疫病が流行し、ペリクレスもこの疫病で前四二九年に死去する。

この頃からアテネは次第に衰退へ向かう。

紀元前四二七年　　　　ソクラテス四二歳

プラトン、アテネに生まれる。父アリストン、母ペリクティオネ。両親ともアテネの名門出身であった。

この年、故国レオンティノイの外交使節団代表としてゴルギアスが同盟国アテネを訪問し、隣国シラクサの圧力に対して支援を求めた。民会での演説は聴衆に圧倒的印象を与え、支援を取り付けるとともに、以後のアテネにおける弁論術隆盛の火付け役となる。やがてレオンティノイはシラクサによって支配され、ゴルギアスはギリシャ本土各地で教えたが、前四一五〜前四一〇年頃から一〇年以上の間テッサリアに居住する。この期間にゴルギアスは授業料を取って政治家たちを教育し、その中には若いメノンもいた。また、後に弁論術・修辞法の教育者になったイソクラテスにも、テッサリア滞在期に教えたとされる。

紀元前四二四年　　　　ソクラテス四五歳
　　　　　　　　　　　プラトン　　三歳

ソクラテス、ボイオティア地方デリオンの戦闘に参加する。

紀元前四二三年　　　　ソクラテス四六歳
　　　　　　　　　　　プラトン　　四歳

この年、アリストファネスの喜劇『雲』が上演される。この作品は保守派の立場からソクラテスをソフィストとして揶揄するもの。この頃には、ソクラテスはすでに、保守的な人々から警戒されていたと考えられる。

紀元前四二二年　ソクラテス四七歳
プラトン　五歳

ソクラテス、スパルタ軍に占領されたアンピポリス奪還のための遠征軍に参加する。

紀元前四一五年　ソクラテス五四歳
プラトン　一二歳

この年から前四一三年まで、アテネはシシリー島に出兵。この軍事行動は大失敗に終わる。

紀元前四〇七年　ソクラテス六二歳
プラトン　二〇歳

この頃プラトンがソクラテスの弟子になったといわれる。

紀元前四〇六年　ソクラテス六三歳
プラトン　二一歳

ソクラテス、政務委員会の執行委員をつとめる。このときアルギヌーサイ沖の海戦で一〇人の将軍が、漂流した部下を放置した責任を問われ、帰還した将軍たちは即決で一律に死刑という措置が提案されたが、ソクラテスはその措置が違法であるとしてひとり反対した。

紀元前四〇四年　ソクラテス六五歳
プラトン　二三歳

アテネがスパルタに降伏し、ペロポネソス戦争終結。敗戦後クリティアスを中心とする親スパルタ派三〇人の独裁政権が樹立する（翌年の前四〇三年に崩壊）。ソクラテスは独裁政権にサラミスの人レオンを連行するよう命じられるが、これを拒否する。
この年テッサリアではフェライの僭主リュコフロンがテッサリア全域の支配をめざし、ラリサなどに攻撃をしかけた。

紀元前四〇二年　　ソクラテス六七歳
　　　　　　　　　プラトン　二五歳
本作『メノン』の対話設定年代。

紀元前四〇一年　　ソクラテス六八歳
　　　　　　　　　プラトン　二六歳
ペルシャ王アルタクセルクセス二世に対し弟キュロスが反乱を起こす。メノンはキュロス陣営の武将として出陣するが、クナクサの戦いでキュロス軍は敗北し、キュロスは戦死。メノンは他の武将とともに捕らえられ大王のもとに送られ、翌年の前四〇〇年に死ぬ。

紀元前三九九年　　ソクラテス七〇歳
　　　　　　　　　プラトン　二八歳
ソクラテス、政治家アニュトスと弁論家リュコンを後ろ盾とするメレトスという若い詩人により、不敬罪および青年に害を及ぼした罪で告発される。裁判がおこなわれ、死刑判決がくだされる。二月ないし三月に刑死する。
ソクラテスの死後、プラトンはアテネを逃れ、各地を遍歴した。この期間に『イオン』『エウテュプロン』『カルミデス』『ソクラテスの弁明』『クリトン』『プロタゴラス』『ゴルギアス』『ラケス』『リュシス』など、数多くの初期作品が執筆されたと考えられる。

紀元前三九三年　プラトン三四歳

この頃、ソクラテスの有罪・死刑という裁判結果を擁護したパンフレット『ソクラテスの告発』がポリュクラテスにより書かれる。

紀元前三八七年　プラトン四〇歳

プラトン、南イタリアのタラスでピュタゴラス派のアルキュタスと出会う。その後、シシリー島でシラクサの僭主ディオニュシオス一世に招かれ、青年ディオンと出会う。ディオンはプラトンの理解者となり、以後密接な関係が続く。

その後、アテネに帰国したプラトンは、ほどなくしてアテネ郊外アカデメイアの森に同名の研究教育機関を開設する。プラトンはこの後二〇年ほどアカデメイアでの研究教育に専念する。初期最後の作品である『メノン』を執筆したのはアカデメイア創設の頃と推定される。以後プラトンは、『パイドン』『饗宴』『国家』『パイドロス』『パルメニデス』『テアイテトス』など、中期作品と呼ばれる作品を続々発表する。

紀元前三六七年　プラトン六〇歳

この年アリストテレスが一七歳でアカデメイアに入学し、プラトンの弟子となる。

シラクサではディオニュシオス一世が

死去し、ディオニュシオス二世が即位する。ディオンはディオニュシオス二世の教育のためにプラトンを招聘するが、政争が起こりディオンは国外追放となる。プラトンも一年あまりディオニュシオス二世によって監禁される。シラクサからの帰国後、プラトンはアカデメイアの研究教育活動を再開するが、『ティマイオス』『ソフィスト』『政治家』『ピレボス』『法律』などの以後の後期プラトンの作品は、それまでの中期作品とは異なる特徴を持つようになる。

紀元前三六一年　プラトン六六歳
ディオニュシオス二世が再びプラトンを招聘する。プラトンはいったん拒絶するがディオンのために招聘に応じる。しかし関係が悪化し再度監禁される。タラスのアルキュタスの尽力によりようやく解放されて、翌年の前三六〇年に帰国する。

紀元前三五七年　プラトン七〇歳
ディオンがシラクサの政権を掌握する。

紀元前三五三年　プラトン七四歳
ディオンが暗殺される。

紀元前三四七年　プラトン八〇歳
プラトン死去。執筆中に死んだとも、婚礼の宴の最中に死んだともいわれる。アカデメイアは甥のスペウシッポスが引き継ぎ、以後、ギリシャ世界の学問の中心として、後五二九年まで存続した。

訳者あとがき

数年前に勤務先の茨城大学で文学と哲学のコースの二年生前期の基礎的演習を他の同僚と一緒に担当したとき、読書の喜びを知ってもらい、学生同士で共通のテキストに関する批評を聞き合うために、何冊かのあまり厚くない翻訳の文庫本を教科書に指定して、どんどん読んでいってもらうという企画を立てました。そのときわたしは、教材選びのために各社の文庫を手当たり次第読んでみました。光文社古典新訳文庫が健闘していると思いました。ここならプラトンの新訳をシリーズで出す話を持ちかけることができるかもしれないと考え、編集長の駒井稔さんに手紙でプラトンを出す気はありませんかとお尋ねしたところ、すぐに駒井さんから詳しい話が聞きたいという返事がありました。光文社に出かけ、初めて駒井さんとお会いし、今回『メノン』でお世話になった中町俊伸さんともお会いして、お話ししました。古典に関する考え方で完全に一致できたと思います。

その後、他の方も交えてお二人と相談を持ちました。プラトンの読みやすい日本語のものをシリーズで出すことになりました。わたしは『メノン』を担当することにして、できるだけ早く訳文をつくると約束しました。以前、知識についてプラトンが論じた『テアイテトス』を翻訳したことがあります。そのとき『メノン』がプラトンの知識の議論のいわば原点ではないかと思っていたので、時間が許せばそれほど間をおかずに訳稿ができるだろうと思っていました。また第三章にあたる部分の解釈もだいたいできていたため、全体の見通しもすぐにつくのではないかと考えました。

ところが実際に取りかかってみると、これは思った以上に難しい仕事でした。日本語として一回目を通しただけで読み返さなくても意味が通じるものが理想ですが、岩波文庫から出ている藤沢令夫訳を越えて、新たに出版するだけの質と分かりやすさを加えるということは、なかなか大変な仕事です。藤沢訳は会話の日本語として読みやすく、哲学作品の翻訳として、やはり目標になる高い水準であることを再認識しました。

すでに藤沢訳があるのに、わたしが『メノン』を出版したいと思ったひとつの理由は、藤沢訳出版以後、『メノン』の研究が非常に進歩したということです。プラトンの著作中でもわりあい早い時期の短い著作で、さらっと書かれているので、そのような研究の大進歩がいま起こることは信じられないと考える人もいると思いますが、じつは『メノン』に関する論文や著書は、プラトン研究全体の中でも重要な一部分を占めており、いま現在、次々と新発見や新しいタイプの解釈論争が起こっているというのが実情なのです。

重要な解釈論争が、第一章の「だれも悪いものを欲しない」という趣旨の議論（77A–78B）に関して起こりました。これは、著名な研究者同士の論争です。サンタスによれば、「悪いものを欲する」人がそのもの自体をよいと考えている場合、一種の「間接話法」のような具合になっていて、その人は現実に欲することと区別されるような「よいもののつもりで欲する」という意味合いでは、よいものを欲していると解釈されます（G. X. Santas, *Socrates*, London 1979, 183–189）。これに対し、ペナーとロウが共著論文を書き、サンタスのような『メノン』解釈は『ゴルギアス』における、欲求され願望されるのはよいものであるという主張（単によいと思われる、あるいはよいつもりのものではなく、実際によいものであるという主張）に矛盾するので、ここでも「よい」は、行為者の頭の中でよいとされるものというより客観的によいものであると解釈すべきであると主張しました（T. Penner and C. Rowe, 'The Desire for Good: Is the *Meno* Inconsistent with the *Gorgias*?', *Phronesis* 39（1994), 1-25)。サンタスのようにただ単に「よいもののつもりの」ないし「よいと思われる」ものだけをよいとすると、それはたしかに、プラトン的ではないように思えます。しかし、逆にペナーたちのように『メノン』の議論を解釈するのは、不自然で無理があります。

わたしは、本訳の「解説」一（三）では、両者のいずれとも異なり、〈行動の観察結果から推測される、行為者本人にとってよいもの〉という意味の理解を提案しています。たとえば、他人を殴った人が、殴ることは悪いとかたく信じていたと言い張ろうが殴りたくなかったと言い訳しようが、その人のその行為においては、その人にとってその相手を殴ることは、よいことだったという理解です。つまり、行為をしたからには、その行為もその目的も、よいものであるということに荷担して行為した、という理解です。サンタスに近いのですが、単に本人の主観的な気持ちや意見で「よい」ということであると考える解釈ではなく、現実の行為結果に如実にあらわれた「よさ」という、別の観点を導入した解釈です。その人はその一回の現実の行為をすることで、その人の「よさ」の理解を表現している面があるということです。ペナーたちとは別の解釈ですが、このような現実の行為から推測される当人にとっての〈よさ〉であれば、その当人とは別の人のすぐれた現実の行為を導くような〈客観的なよさ〉や〈ほんとうのよさ〉との関係も、つけやすいはずです。

この解釈は、ペナーとロウの立場との関係では、『ゴルギアス』の関連箇所（467A–468E）の新解釈で補われなければなりません。この線に沿ったわたしの解釈を発表したいと思っています。そしてこのようなわたしの『メノン』第一章解釈は、「よいもの」や「よさ」が、人によってずいぶん理解が異なるもので、しかも人はそれぞれ自分の力に応じた「よいもの」をもって生きているという、わたしの『メノン』解釈全体の主調音の基礎にあたるものです。

また、別のとくに重大な問題が、第二章の探究のパラドクスと想起説の関係に関して、これも近年、発見されました。簡単に要約していうと、「探究のパラドクス」とは、「まったく知らない対象を探究できるわけがない」というものです。ファインの問題提起（G. J. Fine, 'Inquiry in the *Meno*', in R. Kraut (ed.), *The Cambridge Companion to Plato*, Cambridge 1992, 200–226）などを経て、スコットは最近の出色の研究書の中で、主張を、想起説は探究のパラドクスの問題に答えるために導入された説ではないという新しい解釈にまとめました（D. Scott, *Plato's Meno*, Cambridge 2006, 79–83, 121–125）。――賛成にせよ反対にせよ、現在の『メノン』解釈は、このスコット説への態度表明をする義務を持っていると思います。わたしはスコットの主張のうち、想起説は論理的ないし理論的に探究のパラドクスを解くものではないという部分を承認してもよいと思います。しかし探究する人々と「知識《エピステーメー》」との深い関係を語る想起説のような形でなければ、探究のパラドクスのもたらす心理的脅威は排除できなかっただろうと考えています。なぜなら、ファインやスコットや他の多くの解釈者のように、知識《エピステーメー》でなく正しい考え《ドクサ》からでも探究を始められるという答でかまわないというと き、「まったく知らない対象を探究できるわけがない」というパラドクスの、ことばの文字通りの力があまりに軽視されているからです。何はともあれこの一連のことばはわれわれに――とくに探究のおもしろみや意義にまだあまりなじみのない若い人々に――、なにがしかの怠け心や怖じ気を呼び覚ますことができるのです。想起説はこの点でわれわれを、探究がドクサからであるとして、対象をまったく知らなくても、それでも探究できるのだと心理的に説き伏せる役割は果たしてくれます。

ただし、生まれる前の記憶とその取り返しである「想起」が、だれもが当たり前のものとして受け入れるようなことだから、それで想起説にこの説得の役割が立派に果たせるとは、考えられません。生まれる前の記憶というものは、むろん怪しいものと言わなければなりません。「解説」でも書いたように、「想起説」は、じつは「過去の経験の想起」よりも「『知識』を『理解』で解釈すべし」という理解型知識の考え方を含む点で、探究のパラドクスを心理的に排除できるのだとわたしは思います。

この「理解（understanding）」をキーワードにプラトンの知識《エピステーメー》を解明しながら解釈することでさえ、じつは昔からおこなわれていたことではありません。一九七〇、八〇年代の数多くのプラトン解釈が波状的に大きく貢献しました。この点の代表的文献と呼べるのは、バーニェトの『テアイテトス』解釈（M. F. Burnyeat, *The Theaetetus of Plato*, with a translation of Plato's *Theaetetus* by M. J. Levett, revised by Burnyeat, Indianapolis 1990）です（わたしはバーニェトさんが後にその本にまとめた諸解釈をもって東京都立大学で一九八〇年代初頭に集中講義をおこなった際、二〇代の若手として参加して、その斬新さに驚いたことを記憶しています。バーニェトさんのほうも、日本というはるか離れた国の研究者たちが、explanation と対になるような understanding をキーワードにするかれ独自の意欲的新解釈に、拒否反応もみせず深い共感を持って接することに、心から驚き、喜んでいる様子でした)。

偶然かもしれませんが、こうした新しい『メノン』解釈の流れの多くは、そろってみな一九九〇年代からのものです。藤沢訳の文庫版は一九九四年出版で、これらの新傾向が定着して、そのエッセンスを安心して一般書にも取り入れうるステージ以前でしたので、新傾向より前の世界の学界状況を反映した内容になっています。

——以上が、新訳を出したいと思った第一の理由です。

もうひとつの理由は、プラトンの内容と表現の微妙な関係を考えながら訳そうとした、ということです。わたしは藤沢訳以後世界的に定着した、プラトン作品の文芸としての読解という解釈方法を自分なりにアレンジして、このことを実行しようとしました。注もそのことに向けて多く入れました。

多くの研究と同様、藤沢訳でも、プラトン哲学ないし思想の内容を学ぶための素材として『メノン』の翻訳と「解説」を考えているようです。わたしはこの点で、従来の各国語の翻訳よりも一歩踏み込んだ別の考えを持っています。つまり読者は、メノンが或る反応をするタイミングで自分でもソクラテスの問いかけを考え、会話に参加するように『メノン』は書かれているとわたしは思っています。これはプラトンが、後の哲学者たちのような論文調の文体に満足しない、天才的戯曲作家でもあったからできたことだと思いますが、そのように読者が自分でものを考えるために使いこなす「素材」のようなものとして、『メノン』は書かれたと考えます。思想内容の単純な伝達を、志していないと思います。学びに関して他人の知識をあてにするばかりのメノンのあなた任せの受動性を、プラトンは悪い見本と考えていますが、この点でかれの書き方そのものも、主体性と能動性を重んじるかれの学びに関する考え方と首尾一貫するものであったとわたしは考えます。さりげない調子でさらっと話し、あるいは書いて、しかしじつはひそかにいつのまにか相手が自分と自分の幸福のために自分で「考えること」を開始するよう促してしまっているという、ソクラテスの話し言葉とプラトンの書き言葉の両方に通じる、独特の好ましいスタイルがあったと思います。

　こう考えるときに、従来あまり重視されなかったことばのニュアンスの細かな読みとりや、「あいまいさ」の指摘などが、むしろ非常に重要であることになります。内容を伝達するよりも、ひとつの対話が読者のところで何かを引き起こすことに著者の意図の重要な部分があるのなら、こうした劇作上のもろもろの要素が、むしろたいへん有効であったはずです。そして、このような「あいまいさ」の積極的重要性も、じつは案外新しい主題なのです。ロイドの解釈（G. E. R. Lloyd, 'The *Meno* and the Mysteries of Mathematics', *Phronesis* 37（1992）, 166–183）が、この点を最初に指摘した文献です。

このような劇ないし文芸としての読解をするために、正確さの上に、ことばのしかるべきニュアンスを伝えることで悩むことが多かったので、読者代表の立場から非常に多くの点について改善に献身的に協力してくださった編集者の中町俊伸さんには、たいへん感謝しています。翻訳における日本語の難しさとおもしろさを、たっぷり勉強させていただいたように思います。また本訳より一足先に出版された中澤務さん訳の『プロタゴラス』からも、分かりやすく正確な日本語訳に向けて、多くの点を参考にさせていただきました。お礼申し上げます。

翻訳がひととおりできたのは東日本大震災が起こった三月で、その後中町さんからのていねいな批評で日本語をもういちど全文検討し直し、最後の詰めをしました。自分や家族には直接のダメージはありませんでしたが、大学と自宅のある水戸市は今回の被災地の南の端に位置している多くの地域のひとつです。被災直後は交通が不便で、どこに移動するにしてもリュックサックに『メノン』のテキストと原稿を入れて動きました。他の方々と同様にいやなことやつらいことが多くありましたが、わたしの場合にはこの仕事を抱えていたので、無事、高いテンションで乗り切れたように思います。

その後、新学期になった四月の頃から「解説」執筆を始めました。それ以前に編集部から、「解説」では、分かりやすい自分の文章で、ぜひ一般読者がプラトンに手が届くようにしてほしいという注文を受け、そのことこそ光文社にこの企画を持っていったときのわたしの最大の願いでもあったので、二つ返事で快諾していました。

実際に「解説」の文章を考え始めると、これもけっこう難しい課題でした。訳文をご一読いただけばお分かりのように、『メノン』は倫理と知識の問題を含み、プラトン初期の特徴を備えつつプラトン中期の準備をするという複雑な「顔」を持っています。前段でそのごく一部を紹介したように、最近の研究も、その多方面の特徴のどこかにまず注目しながら自分なりの新解釈を出すというものが多いのです。また、ここにプラトン解釈の立場の問題も入ってきます。或る解釈者たちは、プラトンが時期によって非常に大きく立場を変えたと考えます。別の解釈者たちはこれと反対に、プラトンの生涯の立場はイデア論で、これには大きな変化はなかったと考えます。この考え方のちがいは、『メノン』解釈にも深い部分で影響してきます（今回わたしは、プラトンの哲学という観点では、この発展主義派にも固定的体系派にもすぐには行かないようにして、まず作品を「味わう」ことを中心に考えたいと思って「解説」に取り組みました）。

そのような事情で、作品全体を自分の責任で分かりやすく説明しようとすると、どうしても自分独自の解釈のアイデアをつなげていって読み物にするという形にせざるを得ませんでした。『メノン』に関しては初めから、研究動向を見据えて安全な「最大公約数」を読者に提供するというスタイルでは、やれないようにわたしには思われました。しかし、それでは、そのような自己流の「解説」であっても一般読者向けの「解説」としての責任が果たせるのだろうかと、二月から四月にかけてわたしは悩みました。このことを納富信留さんにお話ししてご協力いただけることになり、納富さんの慶應義塾大学での六月末の授業後、研究会を開催し、わたしのほうで書き上げた第一章部分の「解説」を研究者や院生、学生相手に発表して、解説の書き方と内容に関して反応を確かめることにしました。幸いなことに質問が活発に出て、参加者からおもしろいとも言っていただきました。よい刺激になるのならそれでいいのではないかと思えたので、自分の解釈に徹して読者に語りかけるという「腹」が、そのとき、やっと決まりました。それでその後の部分も、夏の間に一気に書き上げました。「解説」全体について、納富さん、中澤さん、今井知正さん、荻原理さん、栗原裕次さんからご意見をいただきました。改善に役立ったと思います。残る誤りはすべて訳者の責任です。ご協力いただいた方々に感謝申し上げます。

被災以後、哲学への関心は高まっているようです。学生たちは授業の時に被災以前とちがう鋭い反応をみせてくれます。教養全体への関心も、高まっていると思います。とくに、根本にさかのぼってものを考えようとする人が、どこでも増えているように感じられます。もちろん悲惨な災害が起きてしまい、被災後の状況もよくないと思います。したがって急に哲学への関心が高まったことも、手放しには喜べません。哲学の仲間とこの件で話をするとき、若い人の真摯な気持ちにどう答えたらよいか、責任重大だという点でのみ意見の一致をみています。

そして古典、とくにプラトンが人間への省察をどのように示してくれたのかということは、改めて現代の日本の多くの人々の強い関心の的になっているのではないかと思います。いろいろな人と話しながら、わたしは、そのように感じています。

暗い時代の心の渇きのようなものに、本書が少しでも応えることができるなら、訳者としての拙《つたな》い努力も報われると思います。

光文社古典新訳文庫

メノン――徳《アレテー》について

著者　プラトン
訳者　渡辺《わたなべ》 邦夫《くにお》

2012年2月20日　初版第1刷発行
2025年5月20日　第6刷発行

発行者　三宅貴久
印刷　大日本印刷
製本　大日本印刷

発行所　株式会社光文社
〒112-8011東京都文京区音羽1-16-6
電話　03（5395）8162（編集部）
03（5395）8116（書籍販売部）
03（5395）8125（制作部）
www.kobunsha.com

ISBN978-4-334-75244-6 Printed in Japan

いま、息をしている言葉で、もういちど古典を

長い年月をかけて世界中で読み継がれてきたのが古典です。奥の深い味わいある作品ばかりがそろっており、この「古典の森」に分け入ることは人生のもっとも大きな喜びであることに異論のある人はいないはずです。しかしながら、こんなに豊饒で魅力に満ちた古典を、なぜわたしたちはこれほどまで疎んじてきたのでしょうか。

ひとつには古臭い教養主義からの逃走だったのかもしれません。真面目に文学や思想を論じることは、ある種の権威化であるという思いから、その呪縛から逃れるために、教養そのものを否定しすぎてしまったのではないでしょうか。

いま、時代は大きな転換期を迎えています。まれに見るスピードで歴史が動いていくのを多くの人々が実感していると思います。

こんな時わたしたちを支え、導いてくれるものが古典なのです。「いま、息をしている言葉で」——光文社の古典新訳文庫は、さまよえる現代人の心の奥底まで届くような言葉で、古典を現代に蘇らせることを意図して創刊されました。気取らず、自由に、心の赴くままに、気軽に手に取って楽しめる古典作品を、新訳という光のもとに読者に届けていくこと。それがこの文庫の使命だとわたしたちは考えています。

このシリーズについてのご意見、ご感想、ご要望をハガキ、手紙、メール等で翻訳編集部までお寄せください。今後の企画の参考にさせていただきます。
メール　info@kotensinyaku.jp

光文社古典新訳文庫　好評既刊

プロタゴラス　あるソフィストとの対話

プラトン／中澤《なかざわ》務《つとむ》◉訳

若きソクラテスが、百戦錬磨の老獪なソフィスト、プロタゴラスに挑む。ここには通常イメージされる老人のソクラテスはいない。躍動感あふれる新訳で甦るギリシャ哲学の真髄。

饗　宴

プラトン／中澤《なかざわ》務《つとむ》◉訳

悲劇詩人アガトンの祝勝会に集まったソクラテスほか六人の才人たちが、即席でエロスを賛美する演説を披瀝しあう。プラトン哲学の神髄であるイデア論の思想が論じられる対話篇。

ゴルギアス

プラトン／中澤《なかざわ》務《つとむ》◉訳

人びとを説得し、自分の思いどおりに従わせることができるとされる弁論術に対し、ソクラテスは、ゴルギアスら3人を相手に厳しい言葉で問い詰める。プラトン、怒りの対話篇。

ソクラテスの弁明

プラトン／納富《のうとみ》信留《のぶる》◉訳

ソクラテスの裁判とは何だったのか？　ソクラテスの生と死は何だったのか？　その真実を、プラトンは「哲学」として後世に伝え、一人ひとりに、自分のあり方、生き方を問う。

テアイテトス

プラトン／渡辺《わたなべ》邦夫《くにお》◉訳

知識とは何かを主題に、知識と知覚について、記憶や判断、推論、真の考えなどについて対話を重ね、若き数学者テアイテトスを「知識の哲学」へと導くプラトン絶頂期の最高傑作。

パイドン――魂について

プラトン／納富《のうとみ》信留《のぶる》◉訳

死後、魂はどうなるのか？　肉体から切り離され、それ自身存在するのか？　永遠に不滅なのか？　ソクラテス最期の日、獄中で弟子たちと対話する、プラトン中期の代表作。

ソクラテスの思い出
クセノフォン／相澤《あいざわ》 康隆《やすたか》◉訳

徳、友人、教育、リーダーシップなどについて対話するソクラテスの日々の姿を、自らの見聞に忠実に記した追想録。同世代のプラトンによる対話篇とはひと味違う「師の導き」。

ニコマコス倫理学（上）
アリストテレス／渡辺《わたなべ》 邦夫《くにお》・立花《たちばな》 幸司《こうじ》◉訳

まっとうな努力で得た徳《アレテー》のみが人の真の価値と真の幸福の両方をきめる。徳の持続的な活動がなければ幸福ではない、と考えたアリストテレス。善く生きるための究極の倫理学講義。

ニコマコス倫理学（下）
アリストテレス／渡辺《わたなべ》 邦夫《くにお》・立花《たちばな》 幸司《こうじ》◉訳

知恵、勇気、節制、正義とは何か？　意志の弱さ、愛と友人、そして快楽。もっとも古くて、もっとも現代的な究極の幸福論、究極の倫理学講義をアリストテレスの肉声が聞こえる新訳で！

政治学（上）
アリストテレス／三浦《みうら》 洋《ひろし》◉訳

「人間は国家を形成する動物である」。この有名な定義で知られるアリストテレスの主著の一つ。最善の国制を探究し、後世に大きな影響を与えた政治哲学の最重要古典。

政治学（下）
アリストテレス／三浦《みうら》 洋《ひろし》◉訳

国制の変動の原因と対策。民主制と寡頭制の課題と解決。国家成立の条件。そして政治の最大の仕事である優れた市民の育成。幸福と平等と正義の実現を目指す最善の国制とは？

詩　学
アリストテレス／三浦《みうら》 洋《ひろし》◉訳

古代ギリシャ悲劇を分析し、「ストーリーの創作」として詩作について論じた西洋における芸術論の古典中の古典。二千年を超える今も多くの人々に刺激を与え続ける偉大な書物。

神学・政治論（上）

スピノザ／吉田《よしだ》量彦《かずひこ》◉訳

哲学と神学を分離し、思想・言論・表現の自由を確立しようとするスピノザの政治哲学の独創性と今日的意義を、画期的に読みやすい訳文と豊富な訳注、詳細な解説で読み解く。

永遠平和のために／啓蒙とは何か　他3編

カント／中山《なかやま》元《げん》◉訳

「啓蒙とは何か」で説くのは、自分の頭で考えることの困難と重要性。「永遠平和のために」では、常備軍の廃止と国家の連合を説く。現実的な問題意識に貫かれた論文集。

純粋理性批判（全7巻）

カント／中山《なかやま》元《げん》◉訳

西洋哲学における最高かつ最重要の哲学書。難解とされる多くの用語をごく一般的な用語に置き換え、分かりやすさを徹底した画期的新訳。初心者にも理解できる詳細な解説つき。

実践理性批判（全2巻）

カント／中山《なかやま》元《げん》◉訳

人間の心にある欲求能力を批判し、理性の実践的使用のアプリオリな原理を考察したカントの第二批判。人間の意志の自由と倫理から道徳原理を確立させた近代道徳哲学の原典。

判断力批判（上・下）

カント／中山《なかやま》元《げん》◉訳

美と崇高さを判断し、世界を目的論的に理解する力。自然の認識と道徳哲学の二つの領域をつなぐ判断力を分析した、カント批判哲学の集大成。「三批判書」個人全訳、完結！

道徳形而上学の基礎づけ

カント／中山《なかやま》元《げん》◉訳

なぜ嘘をついてはいけないのか？　なぜ自殺をしてはいけないのか？　多くの実例をあげて道徳の原理を考察する本書は、きわめて現代的であり、いまこそ読まれるべき書である。

光文社古典新訳文庫　好評既刊

存在と時間（全8巻）
ハイデガー／中山《なかやま》元《げん》●訳

〝存在（ある）〟とは何を意味するのか？　刊行以来、哲学の領域を超えてさまざまな分野に影響を与え続ける20世紀最大の書物。定評ある訳文と詳細な解説で攻略する！

太平記（上）
作者未詳／亀田《かめだ》俊和《としたか》●訳

陰謀と寝返り、英雄たちの雄姿と凋落。足利尊氏・直義、後醍醐天皇、新田義貞、楠木正成らによる日本各地で繰り広げられた南北朝期の動乱を描いた歴史文学の傑作。（全2巻）

太平記（下）
作者未詳／亀田《かめだ》俊和《としたか》●訳

後醍醐天皇は吉野に逃れ、幕府が優位を築くも、驕った高師直らは専横をきわめる。やがて観応の擾乱が勃発。紆余曲折の末、足利政権が覇権を確立していく様をダイナミックに描く。

方丈記
鴨《かもの》長明《ちょうめい》／蜂飼《はちかい》耳《みみ》●訳

出世争いにやぶれ、山に引きこもった不遇の才人・鴨長明が、災厄の数々、生のはかなさを綴った日本中世を代表する随筆。和歌十首と訳者によるオリジナルエッセイ付き。

スッタニパータ　ブッダの言葉
今枝《いまえだ》由郎《よしろう》●訳

最古の仏典を、難解な漢訳仏教用語を使わずに、原典から平易な日常語で全訳。人々の質問に答え、有力者を教え諭す、「目覚めた人」ブッダのひたむきさが、いま鮮やかに蘇る。

ダンマパダ　ブッダ 真理の言葉
今枝《いまえだ》由郎《よしろう》●訳

あらゆる苦しみを乗り越える方法を見出したブッダが、感情や執着との付き合い方など、日々の実践の指針を平易な日常語で語る。『スッタニパータ』と双璧をなす最古の仏典。